講談社文庫

江戸の商魂

佐江衆一

講談社

もくじ

江戸の商魂

命をはった賭け——大坂商人　天野屋利兵衛

一

「困ったことや」

天野屋利兵衛《あまのやりへえ》は、大坂思案橋《しあんばし》際の店の帳場で、帳簿から目をあげてつぶやいた。

戦乱治まって関ヶ原合戦から百年、元禄も十五年（一七〇二）、刀槍《とうそう》にかわって金銀の力が世をうごかしてひさしく、世間がその気力にあふれているのは結構だが、万事、華美をもてはやし、武士は惰弱《だじゃく》となって義を忘れ、商人は一攫千金《いっかくせんきん》をねらって地道な商いを軽んじ、世の中、人の真実《まこと》が研ぎ忘れた鏡に映るごとく霞んでしまったのではあるまいか。

ここ大坂では、つい先日の八月二十六日、難波《なにわ》五人男ともてはやされた雁金文七《かりがねぶんしち》、極印千右衛門《ごくいんせんえもん》、神鳴庄九郎《かみなりしょうくろう》ら五人の輩《やから》が、道頓堀で死罪獄門となった。目をむくばかりの派手やかな衣裳、髪は大撫付《おおなでつけ》や立髪《たてがみ》で、隈《くま》どった顔には大髭《おおひげ》をつけ、太刀《たち》や大脇差《おおわきざし》を腰にぶちこんで男伊達《おとこだて》を気どった傾《かぶ》き者だが、博奕《ばくち》狂いのならず者、善良な庶民をあやめるあばれ者にすぎない。

こうした放蕩無頼《ほうとうぶらい》な風潮は、町奴《まちやっこ》ばかりか御家人旗本にもおよび、各藩の武士も派手を好み性惰弱となっている。

それればかりではない。つづく好景気に商人は驕《おご》りたかぶり、江戸では大火や大十木普請があるたびに大儲けした紀伊国屋文左衛門《きのくにやぶんざえもん》や奈良屋茂左衛門《もざえもん》といった成り上がりの商人が、遊里で金子《きんす》を湯水のごとく使い、その豪奢《ごうしゃ》ぶりは尋常一様ではない。大坂では、諸藩の蔵元《くらもと》で材木商も手広く営む九代目淀屋三郎右衛門《よどやさぶろうえもん》が贅《ぜい》のかぎりをつくしているのである。

——商人こそ贅沢《ぜいたく》は敵や。欲と色の二筋川に溺れたらあきまへんな。

肚裡《とり》でそうつぶやいて、利兵衛は立ち上がった。

利兵衛は四十の男盛り。思案橋際に間口《まぐち》十五間半、奥行十六間もの広壮な角店《かどみせ》をかまえ、松平伊予守《いよのかみ》の備前岡山藩三十万石の蔵元であると同時に、細川越中守《えっちゅう》の肥後熊本藩五十四万石の蔵屋敷の名代《みょうだい》もつとめ、昨春までは赤穂《あこう》藩特産の塩も取扱い、大勢の奉公人を使っている。そして、大坂三郷の北組惣年寄《そうどしより》の一人でもあるのだ。

蔵元とは、大名の蔵屋敷に出入りして年貢米の収納とその市場販売と換金などの御用をつとめる商人のことである。

江戸の人口が百万にもふくれあがった徳川時代、江戸は最大の消費市場で、人口三十数万の大坂が日本経済の中心であった。大坂市中には諸大名の年貢米を収めた蔵屋敷が建ち並び、年貢米や諸藩の物産品が貨幣にかえられると同時に、全国から大坂に集められた物資が廻船《かいせん》などで江戸へ運ばれる。天下の台所である大坂の市場と諸国の市場が緊密に結ばれたのが元禄期で、大坂商人はこの国の経済をたばねて胸を張っていた。

天野屋利兵衛もその一人である。

利兵衛は店を番頭にまかせて奥へ入った。すでに日暮れにちかい。

今年は残暑がことのほかきびしかったが、八月十五日の観月を過ぎてからはさすがにひんやりとして、川面《かわも》を吹きわたってくる夕風が心地よい。

利兵衛は縁側に出て茶器を眺めた。夕なずむ光で見入る楽《らく》茶碗の風情《ふぜい》は一入《ひとしお》である。彼は土斎《どさい》と号した茶人で、茶道の嗜《たしな》みでも諸大名家へ出入りしている。

やがて夕餉《ゆうげ》となり、その席で妻女のおしまがいった。

「明日は落合様のお屋敷でお茶会どすな」

「このぶんでは、良い日よりやろ」

熊本藩大坂留守居役《るすいやく》の家老の屋敷でひらかれる茶会に、利兵衛も呼ばれていたのである。

おしまに子ができるのが遅かったので、長男の嘉吉《かきち》はまだ九歳、娘のおみよは七歳だが、二人とも丈夫に利発に育っている。

行儀良く夕餉をとっている二人の幼な子を目をほそめて見ながら食事をすませた利兵衛は、居間に引きとった。角行灯《かくあんどん》の灯《ひ》にとびこんだ蛾が一匹、紙に羽をがさがさあてて踠《もが》いている。

逃がしてやろうと思ったとき、突然、店の大戸が乱暴に叩かれる音がひびき、「御用」「御用」と呼ばわる声がした。店の者のあわてふためく声と足音もする。

「大坂西町奉行の御用である。天野屋利兵衛、神妙に致せ！」

御用提灯をかかげ、六尺棒を持った捕方《とりかた》十数名を指揮した、陣笠に黒羽織、朱房の十手《じって》を手にした捕方与力が、あっというまに踏みこんできた。

「いったい、何事でございます？」

「問答無用。お奉行じきじきにご吟味なさるとのことじゃ」

利兵衛は、驚いて居間にとびこんできた妻子の前で縄をかけられ、妻と話す間もなく手荒に引き立てられた。

二

「天野屋利兵衛、つつみかくさず申しのべてもらいたい」

大坂西町奉行の松野河内守助義《かわちのかみすけよし》は、白洲《しらす》の筵《むしろ》に神妙に土下座する顔見知りの利兵衛へ、こころもち身を乗り出して温和にまず語りかけてから訊問《じんもん》に入った。

「岡山藩の蔵元をあずかるばかりか熊本藩の名代もつとめ、北組惣年寄ともあろう大《おお》商人《あきんど》のそちが、合戦の武士か盗賊夜盗の輩が着用する鎖帷子《くさりかたびら》などを三領も、なにゆえ具足師《ぐそくし》に誂《あつら》えさせおったのじゃ？」

「お奉行様じきじきのご吟味、誠に恐れ入り奉ります。お訊《たず》ねの鎖帷子三領、この利兵衛たしかにつくらせましてございます」

面《おもて》をあげた利兵衛は、松野奉行を見上げて悪びれもせずに答えた。

「ふむ。して、なにゆえじゃ？」

「申せまへん」

その語気が尋常ではなかったので、松野奉行はかすかにたじろぎ、奉行のむかって左手前にひかえる吟味方与力はそののっぺりした顔をムッとさせて睨《にら》みつけ、右手前にいる書役《かきやく》同心までがチラと利兵衛を見た。

「答えられぬと申すか！」

奉行は語勢を強めておいて、穏やかに念をおした。

「さりながら、誂えたのは真実《まこと》なのじゃな」

「相違ございません」

「いずこの具足師につくらせたのじゃ？」

「失念致しましてございます」

「いつわりを申すな。調べはついておる」

「恐れ入りましてございます」

「堀江町の具足師吉五郎《きちごろう》であろう」

「そうでございましたかいなあ……」

「とぼけるでない」

「思い出しましてございます」

「では訊ぬる。吉五郎へ三領を同時に注文せず、日をおいて三度《みたび》にわけたのはなにゆえか」

「はて……これまた失念致しよりましたな」

「左様な言い逃れは罷《まか》り通らぬぞ。その吉五郎より訴えがあった」

「訴人《そにん》は、あの男で……？」

「天野屋ともあろう者が、じきじきに鎖帷子などを三度にわたってつくらせ、大坂湊《みなと》ではなく、堺湊へ届けるよう申しつけたそうじゃな。天野屋の廻船にて、いずこへ運んだのじゃ？　吉五郎は怪しみ、奉行所に訴え出てまいった。そればかりではない。探索をすすめたところ、鍛冶師《かじ》へそちは継梯子《つぎばしご》もつくらせておる。盗賊夜盗が用いる継梯子など、なにゆえ商人のそちが入用なのじゃ。何者かに依頼されたのであろう」

「……」

「その者は誰か。いかなる委細あって何者に頼まれたか、ありていに申せ」

「重々恐れ入りましてございます。鎖帷子のほかに鍛冶師へ継梯子もつくらせ、堺湊へ届けさせましたこと、相違ございません。この利兵衛が、店の者にも家内にも一切知らせず、すべて一存でやったことでございます。さりながら、なにゆえかは申し上げられまへん」

「話せぬと申すか」

「口がさけても申せまへん」

「剛情じゃのう、天野屋」

「申しわけございませぬ。どうぞ堪忍《かんにん》しておくんなはれ」

「いや、堪忍できぬ」

さすがに松野奉行は扇子《せんす》を癇性《かんしょう》に鳴らし、人変わりしたように声を荒らげた。

「天下の一大事になるやもしれぬのだぞ。それを承知でしているのであろう。商人の分際でご公儀に弓ひく所存か！」

利兵衛は無言で平伏した。その背中へ、しばしして、穏やかな声音《こわね》にもどった松野奉行の言葉がかかった。

「ところで利兵衛。天野屋は、おとりつぶしとなった播州《ばんしゅう》赤穂藩の塩を塩屋茂左衛門とともに売買しておったのであったな」

「仰せの通り、扱わせていただいておりました」

「しからば、赤穂の浪人どもと昵懇《じっこん》であったであろう？」

「お取引でたいそうお世話にはなりましたが……」

「城代家老であった大石内蔵助《くらのすけ》とはどうじゃ？」

「……」

「答えられぬか」

「……大石様とは茶事で数度、お目にかかったことがございます」

「いつのことか」

「最初にお目にかかりましたのは、かれこれ十年も前になりましょうか」

「最近も会ったであろう」

「いえ、ございません」

「しからば訊ぬる。大石がいまどこにおるか知っておるな」

「山科《やましな》に閑居なさっておいでとは承知しております」

「この月初め、京に移った。会っておろう？」

「いえ、昨秋、茶器を持参して山科のお屋敷へご機嫌うかがいに参じたことはございますが……」

「それのみか？」

「その後、茶屋遊びにお供をしたことがございます」

「茶屋遊びにの？」

「はい」

「以後もひそかに会っておろう？」

「いえ、決して！」

利兵衛が語気強く答えたので松野奉行は眉根をよせてしばし黙ったが、何気ないふうに訊ねた。

「大石ら赤穂の浪人どもが亡き主君の仇を討たんとしておることは、存じておろうな？」

「巷間《こうかん》のたいそうな噂《うわさ》ゆえ、よう存じております」

「しからば訊ぬる。仇討ちをいかに思うや？」

「おおきに結構なことやと存じまする」

「なにゆえぞ？」

「主君の仇を討つは、武士《もののふ》の義でございましょう。いえ、お武家にかぎらず、人間、義を失うては畜生も同然、この世間は闇でございます。義なくして、何をもって人の道を照らす光明がありますかいな。手前ども商人《あきんど》にも義がございます。商人はたとえ口約束なりともいったん取り決めましたることは、いかなることが生じましょうとも命がけで守り、決して反古《ほご》には致しまへん。これ、商人道の義でおます。いかに儲かろうとも、義を損じては信用を失い、世間から物笑いとなるばかりか、世の中がおかしゅうなります る。さりながら、当今、商人の義も廃《すた》れており、ほんまにあきまへんわ」

「天野屋、たいそうなことを弁じるのう」

「お白洲であるのもわきまえず、つい口はばったいことを申し上げ、恐れ入ります。さりながら……」

利兵衛はなおもいおうとして、口をつぐんだ。奉行の誘いに乗せられて、つい本心を吐露《とろ》してしまった。迂闊《うかつ》であった。

——大石様とのかかわりは、いかに調べがついていようと二度と金輪際《こんりんざい》、口にはすまい。信用していた具足師吉五郎へ鎖帷子をつくらせたのは間違いであった。用心して三度にわけ、店へも大坂湊へも届けさせずに堺湊へ運ばせたが、あの男、不審をいだき訴えに及びよったか……。

利兵衛は唇を一文字にひきむすび、松野奉行から目をそらして白洲の砂利を睨んだ。そして、奉行からいかに詰問されようとも、

「この件につきましては、少しも不都合を企《くわだ》てるわけではございませねども、委細あって当分、依頼人の姓名を申し上げるわけにはまいりまへん。これ、手前利兵衛の義でおますさかいに」

とのみ答えて、あとは石のごとく黙りこんだ。

三

天野屋と赤穂藩とのかかわりは、赤穂藩特産の塩を先代のときから塩屋とともに扱っていたことにはじまるが、利兵衛は茶道の嗜《たしな》みでも播州浅野家へ出入りし、城代家老大石内蔵助の茶会にも呼ばれていた。そして、内蔵助との深いつながりは、五年前、赤穂城文庫《ぶんこ》蔵《ぐら》での虫干しの一件からである。

その夏、商用で赤穂を訪れていた利兵衛は、赤穂城の文庫蔵で土用の虫干しがおこ

なわれるのを知り、大石内蔵助に頼んで、数々の銘器を見せてもらった。

蔵奉行は貝賀弥左衛門《かいがやざえもん》であった。弥左衛門は家禄十両三人扶持《ぶち》という小身だったが、役柄は蔵奉行で、温厚篤実な人柄である。

「天野屋、まいったか。ご城代より話はきいておる。存分に拝見するがよい」

文庫蔵の戸口にひかえていた弥左衛門は、蔵内を一通り案内し、あとは自由に見るようにといいおいて出て行った。風通しのよい戸口前には下役の番士がいたが、時折り居眠りをしているようであった。

利兵衛は茶道具の一品一品を丁重に拝見した。風入れのために桐箱から出されて並べられている各種の茶釜、水指《みずさし》、茶碗、茶入れ、棗《なつめ》、屏風《びょうぶ》、棚……いずれも由緒ある逸品ぞろいで、さすが浅野家の茶道具である。ことに茶碗と茶入れは垂涎《すいぜん》の銘器が多く、利兵衛はわれを忘れ、時のたつのも忘れて見入った。

なかでも雪江《せっこう》の茶入れは、足利義政公ご愛用の品が織田右大臣信長公につたわり、これを豊臣秀吉公が賜《たまわ》り、太閤殿下から浅野家祖先の浅野弾正《だんじょう》少弼《しょうひつ》長政公が拝領したとつたえられる銘器と見受けられた。肩衝《かたつき》のその優美な姿といい、古雅な色合いと釉《くすり》のかかり具合と露先のたまりの景色といい、天下の銘器である。

利兵衛は十二分に堪能し、心を奪われ、全身がしびれたような気分で文庫蔵を退出し、弥左衛門に深く礼をのべてお城をさがり、城下の宿にもどった。するとその夕刻、大石内蔵助の使いの者があわただしく宿にきて、大石邸に出頭するようにという。急ぎ出むいてみると、いつも眠そうな表情の内蔵助が沈痛な面持《おももち》で待っていた。

「大事が出来《しゅったい》し、困惑しておる」

「どないな大事でございますやろ？」

「それがのう……」

ふだんから物事をあまりはっきりいわない内蔵助が、いっそういい澱んで、

「実は、お文庫蔵のお品が一品、消えおっての」

「えっ、何のお品でございます？」

「雪江の茶入れじゃ」

「あの銘器が！　手前たしかに拝見いたしましたが……」

「そちを疑うわけではないが、本日、お文庫蔵に入った者はそちしかおらぬゆえ……」

細い目の奥が一瞬きらりと光って利兵衛にそそがれ、

「弥左衛門め、蔵奉行のおのれの落度であるから切腹するといい張りおって困っておる。落度といえばこの内蔵助とて同様ゆえ、いかが致したものかと……」

困惑の態《てい》で視線を漂わせた。

利兵衛はやにわに畳に額《ひたい》をすりつけて平伏した。そして、いった。

「手前が、盗みましてございます」

「なんと⁉」

「この利兵衛をお手討ちになさりませ」

「なにを申す。茶入れが無事にもどればよいのじゃ」

利兵衛は両手をついたままいった。

「茶入れが無事にもどったとて、それですむものではございますまい。盗んだ者の罪は消えまへん。罰するのがご政道とちがいまっしゃろか。出来心とはいえ盗みを働きました以上、罰せられて本望でおます。どうぞこの場で天野屋利兵衛をご成敗なさりませ」

内蔵助はしばし沈黙していたが、

「あいわかった。宿にもどり沙汰を待ってくれ」

そういって、座を立ったのだった。

利兵衛とすれば、自分は盗んでいない。しかし、大事な銘器が紛失し、その責を負って蔵奉行の温厚篤実な弥左衛門が切腹する。そればかりか、内蔵助も責をとる。

ならば自分が罪を着て、よろこんで成敗されるのがおのれの義というものである。

しかしこの一件は、利兵衛が文庫蔵を退出後、藩主浅野長矩《ながのり》が小姓に命じて雪江の茶入れを文庫蔵から手もとにとり寄せたことがわかり、落着した。小姓が蔵奉行にも番士にも告げずに、たまたま無断で持ち出したのが間違いだったのである。

翌日、それがわかり、内蔵助はバツが悪そうに利兵衛に詫びた。そしてこの一件以来、利兵衛を深く信頼するようになった。

昨年、元禄十四年（一七〇一）三月十四日、勅使《ちょくし》接待役の浅野内匠頭《たくみのかみ》長矩は江戸城松之廊下において高家《こうけ》吉良上野介義央《きらこうずけのすけよしなか》へ刃傷《にんじょう》におよび、即日、城地没収のうえ切腹。享年三十七であった。

四月十一日、大石内蔵助は赤穂城開城を決定、十二日、浅野家遺臣らは赤穂城から退去を始める。内蔵助は幕府へ主家再興と吉良処分を再三嘆願、六月二十五日、赤穂城下を退去し、大坂を経て京都山科に隠栖《いんせい》した。世間では赤穂の浪人が大挙して亡き主君の仇討ちをするであろうとの噂がしきりであった。

内蔵助は大坂に数日逗留《とうりゅう》したとき利兵衛の店へは寄らなかったが、九月、利兵衛が山科の閑居へご機嫌うかがいに行ったとき、仇討ちの世間の噂を鼻先でわらいとばし、

「亡き内匠頭様ご舎弟、浅野大学様の閉門が一日も早く解かれ、浅野家再興が唯一の願いじゃ」

と、それのみを強く願っていた。

その後、利兵衛が内蔵助に会ったのは、年が明けた今年元禄十五年（一七〇二）の二月二十日、京都祇園《ぎおん》の一力《いちりき》茶屋においてであった。昨秋から遊里がよいをするようになっていた内蔵助へ、利兵衛はひそかに金銭の援助をしていたが、一力茶屋でともにひと刻《とき》を遊んだその日、内蔵助は芸妓《げいこ》らを遠ざけて利兵衛と二人きりになった折り、酔いにまかせて愚痴をこぼすごとく、ふとこうもらした。

「同志のなかに仇討ちをせく者がおって困ったものよ」

ことに江戸にいる堀部安兵衛《やすべえ》や、奥田兵左衛門《へいざえもん》ら江戸詰であった新参の侍たちが、最初から熱心であったという。安兵衛らと共に江戸急進派の三羽烏《さんばがらす》といわれた高田郡《ぐん》兵衛《べえ》がつい先日脱落し、一月十四日には萱野《かやの》三平が仇討ちの志と父がすすめる仕官との板ばさみとなって自宅で自決したと、内蔵助は独り言のようにしゃべり、

「実はつい先日の二月十五日、上方《かみがた》在住の同志に山科の閑居へひそかに集まってもらい、内匠頭様一周忌の三月十四日に討入りすると一応決めておった仇討ちを、延期することを話しおうた」

と低声《こごえ》でいった。

「そのような大事を手前ごときに……」

利兵衛はびっくりして声をひそめたが、内蔵助は酔にあからむおでこを扇子で剽《ひょう》げたしぐさで叩き、

「なに、仇討ちはそれのみをいい立てる者どもへの言い訳じゃ。わしは大学様の閉門が解かれ、お家再興がかなえばそれでよい。吉良殿の皺首《しわくび》をとるつもりもご政道に刃向う気も、毛頭ないのやで。さりながら、そのようなわしの本心を江戸にいる者が知り、またこたびの上方の決定を知れば、どのように暴発するやも知れぬ。そこで近く吉田忠左衛門《ちゅうざえもん》らを江戸に下向させ、安兵衛らが不心得な挙に出ぬよう、よくよくいいきかせる所存じゃが、言葉のみでは跳ね上がり者を納得させることはむずかしかろう。そこで利兵衛、おぬしに頼みがあるのだが、わしの独り言と思うてきいてもろうてよい」

そういうと謡《うたい》でも口ずさむようにいった。

「武具をひそかに江戸へ送れぬものやろか。槍穂、鎖帷子……わしには探索の目が張りついておるゆえ迂闊なことはできんが、これらの品を少しなりとも江戸に送って跳ね上がり者らに見せてやれば、わしを疑わず、我慢してくれるやろ。いざというとき

かけますさかい」
「承ってございます。手前の胸におさめ、決して他にもれんよう取り計らっておめにの用意にもなる」

大事をもらされ、武具の調達まで任された利兵衛は、低声ながら息をふるわせてそう答えた。

大坂にもどると、さっそく、武具の調達にとりかかった。といっても武具商から買っては容易に足がつくので、信用のおける幾人かの具足師や鍛冶師に少量ずつわけて注文し、大坂湊ではなく堺湊へ届けさせた。その武器の総量は、槍穂二十本、鎖襦《じゅ》袢《ばん》、籠手《こて》、腰当、臑当《すね》などと鎖帷子五十領、鉄の継梯子五丁。その後もさらに鎖頭巾《ずきん》などをつくらせ、自店の廻船で他の品々にまぎらせて江戸湊へ運び、江戸出店《でみせ》の蔵におさめて、時折り安兵衛らに見せるよう取り計っていたのである。そして、軍資金も提供した。

その間、三月十四日、内蔵助は赤穂の花岳寺《かがくじ》で亡君の一周忌を営み、四月十五日には嫡男主税《ちから》のみを残して妻子を離別した。七月十八日、浅野大学長広《ながひろ》が閉門を解かれたが、広島浅野家へ永《なが》の預りとなり赤穂浅野家再興は絶望となった。これを知った内蔵助は七月二十八日、京都円山《まるやま》の安養寺に上方在住の同志十九名をひそかに集め、仇討ち決行を宣した。そして八月一日、山科の閑居を引きあげ、京四条河原町金蓮寺塔頭《たっちゅう》梅林庵に仮寓《かぐう》し、五日から上方同志へ盟約書を返還、その向背《こうはい》を決定させていた。するとこの月、田中権右衛門《ごんえもん》ら十名が脱落した。

こうした八月末、利兵衛が捕えられたのである。

四

牢におしこめられた利兵衛は、翌日から松野奉行ではなく、吟味方与力・菅井半七郎《すがいはんしちろう》の取調べをうけた。

半七郎は一見温和そうな、のっぺりとした顔の三十男だが、目に険があり、執念深く吟味して名うての悪人をも自白させることで知られる、大坂東西町奉行所きっての吟味役である。

しかし利兵衛は、

「どないにお訊ねありましょうとも、お答えできまへん。おおきにあいすまんこってございます」

とのみ丁重に答えて、沈黙を守った。

白洲には刺股《さすまた》、笞《むち》、鋸《のこ》などの拷問道具がこれみよがしに飾られているが、白洲で奉行みずからが拷問することは決してなく、牢屋敷内の穿鑿所《せんさくじょ》または拷問蔵で吟味役の与力または同心がおこなう。

　数日後、利兵衛を穿鑿所の土間に引きすえて、半七郎はいった。

「近郷の鍛冶師まで調べたところ、槍の穂までつくらせておるではないか。調べがすすめば、まだまだ露見するぞ。何者に頼まれたか白状せい！　さもないと、お前の躰《からだ》に訊ねることになるが、それでもよいか」

「ご存分になされませ」

「ええい、やれいッ！」

　半七郎の下知《げち》で、打ち役の下男二人が高手小手に縛られている利兵衛の背中に笞をふるった。打ちすえられて利兵衛の衣服は破れ、肌も裂けて血が流れた。しかし、いかに問われても一言も言葉を発しなかった。すると、利兵衛を柱にくくりつけ、三角形の松材を五本ならべた台上に座らせ、

「これなる石をたっぷり抱かせてやるが、それでもいわぬかッ！」

　と半七郎は怒号し、傍らに積まれた大きな平石を顎《あご》をしゃくって示し、にやりとした。

「ご勝手になさりませ」

半七郎が下知すると、二人の下男が長さ三尺、幅一尺、厚さ三寸の平石をまず一枚、利兵衛の膝上にのせた。両膝が十三貫もある石の重みにおされ、両の脛《すね》の骨が鋭い三角形の材木にくいこんで激痛が襲った。たいがいの者はもうこれだけで悲鳴をあげて白状する。しかし、利兵衛は無言で激痛に耐えた。

「手ぬるい、さらに積み上げよ」

半七郎の下知で五枚もの石が積まれ、高さは顎にまで達した。激痛は極限にまでたかまって、両脚ばかりか五体が裂けそうな苦痛に襲われ、利兵衛の全身はみるみる蒼黒い色に変じていく。

「どうじゃ、利兵衛。これでもまだ吐かぬか」

半七郎はそののっぺり顔を寄せてきて、耳もとでささやきながら、下男に石をゆすらせた。

「赤穂の浪人の誰に頼まれた？　大石内蔵助であろう。泥を吐け。吐けば楽になるぞ」

石をゆすられるたびに両の脛の骨が軋《きし》み、砕けた。

「まだいわぬか。商人の分際で武士に義理立てすることはあるまい」

「……」

「なにゆえ義理立て致す？　そもそも赤穂の浅野内匠頭なる殿さんはあほうなお方ぞ。赤穂五万三千石の殿さんなら、大勢の家臣とその家族はもとより領民のことを考え、いかなることがあろうとも殿中にて刃傷沙汰などおこさぬ。おのれを律することができず、家臣領民の迷惑も考えぬあほな殿さんのために、仇討ちをさわぐ武士もあほうなら、その武士のために武具など調達するお前も大あほの商人やな。天野屋ともあろう者が、そうは思わぬか」

「……」

「ほれほれ、口から泡ばかりか血まで噴いてきたぞ。剛情をはっておると、あと四半《しはん》刻《とき》もすれば命がない。誰に頼まれた？　大石内蔵助であろう？　さあ、いえ！　吐いてしまえ！　吐けば楽にしてやる」

利兵衛は、口と鼻から泡にまじって血を噴きつつ失神した。

牢にとじこめられて幾日が過ぎたろう。

脛の骨が砕けて歩くことができず、利兵衛は薄暗い牢内を這《は》いまわった。

躰の疲労と痛みに反して、頭は冴えわたっていた。

半七郎ごときにいわれなくとも、浅野の殿様が賢明な領主でないことは承知していた。つねに家臣領民のことを考え、その頭《かしら》である自覚があれば、たとえいかなる遺恨があろうとも、勅使接待役でありながら殿中で刃傷沙汰に及ぶなどは厳につつしむべきことである。内匠頭には「痞《つか》え」という病《やまい》があったことも、利兵衛は聞いて知っていた。

「痞え」とは現今でいう発作的な意識障害あるいはヒステリー神経症のことで、偏頭痛や眩暈《めまい》、嘔気、腹痛をともなう発作的な不機嫌状態や、興奮しやすく怒りっぽい情緒不安定な人のことである。藩主として不適格といっていい。そのような指導者に迷惑をこうむり、浪人となって路頭に迷う者が、仇討ちなどという忠義立てをすることはないのである。大石内蔵助もおそらくそう考えていたであろう。

しかし、利兵衛は内蔵助から武具調達を頼まれたとき即座に、商人として男として、内蔵助という男を試し、大きな賭けをしようと意を決したのだった。

いかなる領主であろうとも、幕府の裁きは不当である。殿中で傷を負わされたとはいえ、一方の吉良上野介がおかまいなしでは、御政道がゆがむ。政道がゆがんだままでは、武士道も商人道もゆがむ。政道がゆがんでも、武士道と商人道はゆがまぬことを天下に示さねばならない。大石内蔵助の一党は、迷うことなく仇討ちすることこそ、義がくすんでしまったこの元禄の世になすべきことである。が、その頭領の内蔵助が迷っている。

五年前、赤穂城での虫干しの茶入れ紛失の一件のとき、内蔵助に試されたのだと、利兵衛は信じている。あの折り、内蔵助は内匠頭が小姓に雪江の茶入れを文庫蔵から持ち出させたことを承知で、利兵衛に嫌疑をかけて呼びつけ、いかに返答するか利兵衛という商人を試したのだ。

——ならば、こんどはわてが試したろか。

利兵衛はそう心に決めたのだった。

仇討ちを企てる赤穂の浪人のために武具を調達することは、商人として命がけである。おのれ一人の命がかかっているだけではない。万一露見すれば、妻子、大勢の傭《やとい》人《にん》、兄弟、親族に累《るい》が及ぶばかりか、内蔵助はじめ赤穂の浪人の企てをつぶすことになる。

——請負ったからには、商人として命をかける。命をはってこんどは商人のわてが、大石内蔵助という武士の志を試したる。商人が武士を試したるんや。

利兵衛はそう決めたのである。

不運にして事の一部が露見してしまい、捕われの身となったが、利兵衛は命がりで白状せず、そのことをもって、大石内蔵助という男の重みを計ろうとしていた。

妻子との面会も許されぬまま半月がたち、九月半ば、町奉行所御蔵目付与力の小浜三左衛門《さんざえもん》が見舞いがてら牢を訪ねてきた。蔵元であり北組惣年寄の利兵衛は、御蔵目付の三左衛門とは昵懇《じっこん》の間柄である。

三左衛門は脛の怪我を見て驚き、すぐに医師をさしむけるといい、利兵衛の身を案じて一日も早く真実を話すようすすめながら、次のように話した。

「もし大石に頼まれてしたことなら、このように身を削ってまでかばい立てすることはあるまい。京都町奉行所の探索では、今月も赤穂の浪人の中には仇討ち脱落者が何人も出て、大石自身、茶屋遊びに狂うばかりか、妾宅がよいにうつつをぬかしておるそうじゃ。あの男、もはや仇討ちなどする気は失せておる。そのような腰抜けのために、お前がかように拷問まで受けながらなぜ口を割らぬのじゃ。無駄というものではないのか」

また、こんな話もした。

「浅野家浪人の一人、橋本平左衛門《へいざえもん》なる者は、大坂新地の茶屋淡路屋の遊女はつと刺しちがえて心中したというではないか。武士の鑑《かがみ》のごとく仇討ち仇討ちと世間から騒がれて、仇討ちなどする気のない者は、惚れた遊女と心中でもするほかはないのじゃ。大石なる男も、祇園の遊女か若い妾となにをしでかすかわかったものではない」

いかにいわれようとも、利兵衛はわずかにうなずくのみで黙っていた。

五

大石内蔵助は、浅野家再興の望みを絶たれて同志に仇討ち決行を宣したにもかかわらず、たしかにその後も迷っていた。

八月中に最も信頼していた一族の大石孫四郎《まごしろう》をはじめ十名もの脱落者が出た。そして八月末、武具調達を頼んでいた天野屋利兵衛が捕えられた。利兵衛が吐けば、捕縛は自分に及ぶだけではすむまい。

その日が今日か明日かと、内蔵助は半ば覚悟し半ば怯《おび》えながら、不安をまぎらせて茶屋がよいをし、京都在岡崎村の里へ帰した若い妾おかるのもとへ足しげくかよっていたのである。

まだ二十歳のおかるは、四十四歳の内蔵助の子を孕《はら》んでいた。内蔵助には他にも前に妾がいて、その妾腹の娘は三歳で死んでいた。そのことを知ったおかるは、

「うちの腹の子はあんじょう育ちますやろか」

と不安そうにいい、

「主《ぬし》さまが危ういことをしやはっては、せっかくこの世に生まれてくるこの子が誰よりも悲しむさかいに、仇討ちなんぞはどうぞせんといておくれやす」

と内蔵助の胸にすがって甘えた。

「わかっておる。危ういことなどするものか」

ふっくらとふくらんだ、すべすべとしたおかるの腹に触れながら答える内蔵助は、

——仇討ちなどほうり出して、やがて生まれてくるこの子と……。

心底、そう思う。

立場上、浅野家遺臣をたばねて、仇討ちのために妻子を離別し、嫡男主税のみを手もとにおいて準備をすすめてきたが、主税はようやく十五歳、その若さで生涯を終わらせることになる。わが子だけではない。死にがいを求める老人どもの道連れに、多くの若者を死なせることになる。いったんは義挙にくわわりながら、遊女と心中した橋本平左衛門のほうが幸せではないのか。また、離縁した妻りくは、実家でついこの七月、三男大三郎《だいざぶろう》を出産した。その子のためにも、仇討ちなどうっちゃってしまいたい……。

九月中旬になり、杉浦順右衛門《じゅんえもん》ら六名もの脱落者がまたも出た。かつては百二十余名いた同志がいまや五十余名に減ってしまった。この先、幾人か去ってゆくであろ

う。そのような小人数で、警護を厳重に固めているという吉良邸に討入りできるものであろうか。

——いっそ拙者《せっしゃ》も、おかるとどこぞへ消えてしまいたい。さすれば、行きがかり上あとへは引けぬ者どもも安堵しよう……。

酒量は増すばかりでいっこうに酔わぬ頭でそう考えながら、九月末のある夜、内蔵助は不意に背後から斬りつけられたごとくハッと気づいた。

——利兵衛め、すでにひと月の余も奉行所のきびしい詮議《せんぎ》にもかかわらず自白せぬのは、この内蔵助を試しているのではないのか。あやつめ、こんどはわしを試して、武士の義を秤《はかり》にかけておる……。商人ごときに……。

ちょうどその日、利兵衛は牢屋敷内の拷問蔵に引き立てられた。出入口のほかは小さな高窓があるきりの土蔵のうちは薄暗く、土間と板敷きの小座敷にわかれていて、太い棟《むね》から滑車で縄が土間にぶらさがっていた。

吟味方与力の菅井半七郎が書役をしたがえて座につくと、外の通路に泣きわめく子供の声がして、同心の一人が利兵衛の妻子を引き立てて入ってきた。

「父ちゃん！」

泣いていた九歳の長男嘉吉が、後手に縛られて土間に転がされている利兵衛に気づいて叫んだ。妻のおしまも小さく声をあげ、七つになる娘のおみよをひしと抱きしめて利兵衛を見た。

「静かにさせよ」

半七郎は冷ややかに命じおいて、利兵衛を滑車の縄に吊すよう指示した。妻子の目の前で吊し責めにして自白させるつもりである。

滑車が軋《きし》み、後手に縛られた利兵衛の躰が宙吊りになり、骨の砕けた両脛のつま先が地べたすれすれにだらりとぶらさがる。

「利兵衛、拙者はかような酷《むご》い真似《まね》はしたくないのじゃ。されど、おぬしが正直に答えぬゆえ致し方ない。妻と幼な子に辛い思いをさせたくなくば、早々に話してはどうや。誰に頼まれたか、その名を申してくれ」

今日の半七郎はことさら猫なで声でいった。

利兵衛は嘉吉とおみよの目をやさしくじっと見つめてにこりとし、

「父は、なにひとつ世間様に恥ずることはしてへんのやで。あんじょう安心せいや」

と語りかけ、おみよを抱きしめて目に涙をいっぱいためてふるえているおしまへ、強くうなずいてみせた。

「かまわぬ。やれいッ！」

下知を待っていた下男が竹の棒で利兵衛の背といわず腰といわず叩いた。

「父ちゃん！」

おみよが叫び、わっと泣き出し、おしまも悲鳴をあげる。

打たれながら利兵衛はいった。

「泣くんやない。嘉吉もおみよも、父ちゃんをよう見るんや。……お前らの父、天野屋利兵衛は、あるお武家と固い約束をしたさかいに、かような酷い仕打ちをうけても、そのお方の名前をよういわんのやで。これが商人っちゅうもんや。……父ちゃんがなんでこない我慢しておるんか、いまはわからずともいずれわかる。辛かろうが、辛抱せいや。父ちゃんも辛抱してるさかいにな」


その後、海老責《えびぜ》めの拷問もうけたが、ついに大石内蔵助の名を口にしなかった利兵衛は、ほとんど半死半生に憔悴《しょうすい》しきって十一月半ばに許され、店にもどった。

内蔵助は十月七日についに京都を出立《しゅったつ》、東海道を江戸にむかい、鎌倉を経て川崎平間村に滞在したのち、十一月五日、江戸に入り、日本橋石町《こくちょう》の宿に逗留していた。

脛の骨がつながり体力も回復し、杖をついて出歩けるようになった利兵衛が、十二月十四日夜半の大石内蔵助ら四十七士の吉良邸討入りと、首尾よく吉良上野介の首級をあげたとの報に接したのは、その十日後であった。

「あの大石はんが、ようようおやりなはったかいな。蔵奉行であった弥左衛門はんもご一緒とは、めでたいこっちゃ」

莞爾《かんじ》として独りごちた利兵衛は、さっそく紋付裃《かみしも》に正装し、杖をひいて西町奉行所に出頭、奉行松野河内守へ武具調達の依頼人は大石内蔵助であったことを自白した。そして、一身に罪を負うことを懇請した。

しかし、松野奉行は利兵衛の義侠に感じて重刑を減じ、摂津国追放の刑を宣し、家財屋敷はそのまま妻子に下しわたし、子の嘉吉が成人の暁は町年寄をつがしめよとの裁きを下した。利兵衛は大坂を立退き、手代の七右衛門を頼って京都在岡崎村に隠世し、土斎としてもっぱら茶事をたのしんだ。そして、享保《きょうほう》十八年（一七三三）八月六日、七十三歳で没した。

京都一条紙屋川の椿寺（昆陽山地蔵院）には利兵衛の墓があり、その戒名は、

法正院空譽土斎善士

同寺では利兵衛の辞世の歌を、

武士《もののふ》の猛《たけ》き心の梓弓《あずさゆみ》

我も引きぬる今日ぞ嬉しき

と伝えている。

大石内蔵助らが切腹後四十五年、寛延元年（一七四八）につくられた浄瑠璃『仮名《かな》手本《でほん》忠臣蔵』十段目に天河屋義平《あまがわやぎへい》の名で利兵衛が登場することはよく知られ、浅野内匠頭と大石内蔵助ら四十七士の墓所である東京高輪の泉岳寺には、首洗い井の隣に明治二年（一八六九）に建立《こんりゅう》された義商天野屋利兵衛の碑がある。

ホイアンの日本橋——貿易商　角屋七郎兵衛

一

順風である。

三本の帆柱に張られた巨大な網代《あじろ》の帆が、北北西の初春の風をいっぱいにはらみ、丸に御朱印としるした朱印旗と、徳川将軍家三葵《みつあおい》の船印《ふなじるし》と自家の船印丸盆に三ツ餅《もち》の旗が翩翻《へんぽん》とひるがえり、船足は迅《はや》い。

寛永八年（一六三一）、まだ屠蘇《とそ》気分がぬけきらぬ正月十一日、長崎の湊《みなと》を出帆した勢州松坂の豪商角屋《かどや》の朱印船辰申丸《しんしんまる》は、五島をすぎて針路を南西にとり、東シナ海の大海原をはるか南シナ海の安南《アンナン》国へとむかっていた。今日のベトナムである。

辰申丸は長さ二十五間《けん》、幅四間半の三千石船で、現今の積載量になおせば約三百トン、朱印船のなかには七、八百トンもの大型船があったから、これは船足の迅い中型船で、船尾に高殿《たかどの》があり、水夫《かこ》五十名のほかに大勢の船客が乗り込んでいて、総勢三百人。三味線をひいて歌う者、かるたに興じる者、炊《かし》ぎの用意をする者など、船中はにぎやかである。渡航賃五十匁《もんめ》の乗客も商品を持参していて、商いに行く者が多い。

「豪気なご時勢やなァ」

海を眺め船中を見まわして、船主《ふなぬし》の角屋《かどや》七郎《しちろ》兵衛《べえ》は、鼓動の高鳴りを覚えながら船頭の幸右衛門《こうえもん》へ声をかけた。七郎兵衛は弱冠二十二歳。角屋の次男で、安南への渡海は三度目である。小柄だが骨太のがっしりした体格で、小刀を腰にしている。

「まっこと、この大海原が日本人の庭のごとくござりますなァ」

と、老練な船頭幸右衛門は、赤銅色に陽灼《ひや》けした顔に笑みをたたえて答えた。

豊臣秀吉が文禄元年（一五九二）に南方渡航船に朱印状を下付して以来四十年、徳川家康と二代将軍秀忠のさらなる保護と奨励で、朱印船の南方貿易は呂宋《ルソン》、安南、東埔寨《カンボジア》、暹羅《シャム》、ボルネオ、ジャバなど東南アジアの全域におよび、各地には日本人町ができて日本人移住者は一万人をこえ、渡航者は十数万人にのぼっている。

「大坂の陣で戦国の世が終わり、元和偃武《げんなえんぶ》となったこの泰平の世は、海外貿易こそ商人冥利《みょうり》につきる男子一生の仕事や。惚《ほ》れた女子《おなご》のことなど考えておれんわ」

と、七郎兵衛はいい、大声をたてて笑った。ふと、国許《くにもと》の松坂にいる恋人のおみよの面影が浮かんだからだが、決して強がりではなかった。

この辰申丸の積荷は、輸出許可ずみの銀座極印つき銀十貫目入りの箱百四、五十をはじめ、銅、硫黄、樟脳《しょうのう》、蒔絵《まきえ》、屛風《びょうぶ》、鎧《よろい》、刀槍《とうそう》などのほかに、日本人町の人びとが使う傘、蚊帳《かや》、据風呂《すえぶろ》などもある。そして、絹糸を買い付けるための数千束の銅銭も積み込んでいるのだ。帰りは、大量の絹をはじめ陶器、鮫《さめ》の皮、伽羅《きゃら》などの香木を満載してくるのである。

莫大《ばくだい》な利を生むその交易がおもしろいだけではない。こんどの渡航では、七郎兵衛は安南国のホイアンという港町に二年間逗留《とうりゅう》して、角屋の支店拡張と日本人町拡充の使命をおびているのである。

——なに、おみよとは帰国後、祝言をあげればいい。

そう独りごちて七郎兵衛は、船の行手に視線をもどした。

角屋の祖先は信州松本の出で、松本姓を名乗り、勢州大湊《おおみなと》に移って廻船《かいせん》を業として角屋を称した。天正十年（一五八二）六月、本能寺の変のとき堺にいた徳川家康は三河へ容易に帰れず、このとき白子の若松浦から家康主従を船底にかくして尾州常滑《とこなめ》へ無事に送りとどけたのが、七郎兵衛の祖父七郎次郎秀持《しちろうじろうひでもち》であった。船中で丸盆に餅を三つのせて供したところ家康はいたくよろこび、以後、船印にせよといい、帰国後、秀持を呼び出して褒美《ほうび》をあたえ、三葵紋をも船印にかかげることを許し、朱印状を授けた。小牧・長久手《ながくて》の役には、秀持は大船を建造して家康の陣船に供した。天正十三年（一五八五）、蒲生氏郷《がもううじさと》の松坂城下創設の際、大湊の住民を移して湊町の町割りを定めたとき、角屋も松坂湊町に移り、広大な屋敷を構えた。

七郎兵衛はこの豪商角屋に慶長十五年（一六一〇）三月十七日、七郎次郎忠栄《ただひで》の次男として生まれた。父の忠栄は大坂の役に軍船を供して東軍に従ったが、七郎兵衛も幼少より性剛毅《ごうき》、十四歳から家業の航海に馴《な》れ親しんできた。そして、兄の七郎次郎忠祐《ただすけ》が家督をついで松坂の本店をまもり、弟の九郎兵衛《くろべえ》は堺の店、叔父《おじ》の三良右衛門《さぶろうえもん》が長崎の店を営み、七郎兵衛はもっぱら海外を任されたのである。

辰申丸は台湾海峡を中国の沿岸ぞいに南下した。このあたり海賊が出没する。とくに倭寇《わこう》は勇猛で知られる。しかし朱印船を襲うことはめったになく、まして三葵の船印をかかげた角屋の船には一目おいている。襲ってくるのは明《みん》国の海賊である。そのときは船頭以下水夫全員が鉄砲と刀槍で戦う。みな猛者ぞろいで、七郎兵衛も武術が達者である。

船は南蛮渡りの羊皮の海図に針をさし糸を引き、全円儀で太陽の位置をはかり、針路をさだめて進む。夜は恒星を観測する。また、太陽や雲などで天候の変化をみる。日輪にさまざまな輪がかぶれば大風や大雨。日の出まえにむら雲が南北のかたへ散れば風雨がくる。

七郎兵衛はいずれは船頭になり、南海の波濤《はとう》をこえて、摩剌伽《マラッカ》、バタビア、摩陸《モルッカ》、ソロールなどまで角屋の交易をひろげたいと思っている。

——私の夢にくらべれば、日本など指の腹に乗るほどにちっぽけじゃ。

というのが、この若者の口癖である。

辰申丸は海賊の襲撃も天候の激変もなく、航海四十日にして目ざす安南国交趾《コーチ》（ベトナム中部）のダナンの港に入った。

安南人の小舟が集まってきてにぎやかだ。このダナンには日本人町と唐人町もある。

船頭の幸右衛門が上陸し、ダナンの地方長官と日本人町の町長《まちおさ》に来航を知らせた。北方四里ほどに阮《グエン》王朝の都順化《フエ》があり、王宮から臨検使がきて積荷を検査するまで待たねばならない。

翌日、その係官がきたので、七郎兵衛は幸右衛門とともに裃《かみしも》・袴《はかま》に大小を差した武士の正装で、屏風、蒔絵などの王宮への贈物を持参して役所へむかった。大砲が幾門もすえてある門内には兵が整列して出迎え、役所内の広間では臨検使と地方長官が鄭重《ていちょう》に七郎兵衛らを迎えた。

うやうやしく贈物を差し出し、安南語で型通りの来航の挨拶《あいさつ》をのべ、交易の許可を請う。許可がおり、入港税を払い、打ちとけて談笑したあと、臨検使が船にきて積荷を検査し、陸揚げが許された。

角屋の交易場は南方八里にあるホイアンという港町である。そこまでココ川を引き舟に引かれて、半日かけて辰申丸は南下した。途中、左岸の海寄りの野に達磨《だるま》座《ざ》禅岩《ぜんいわ》と呼ぶ一峰のある五行山《ごぎょうさん》がある。たいして高くはないが、屹立《きつりつ》した大理石の岩山に緑の美しい五峰からなる山で、仏が祀《まつ》られており、航海の目印でもある。

ホイアンはトゥボン川河口の北岸にひらけた町で、人口およそ八千。日本人町は八十軒を超え、三百人ほどが住んでいる。

その日本人をはじめおびただしい安南人と明人の老若男女が、船着場に出迎えていた。

「若旦那《わかだんな》、ようご無事で。お待ち申しておりました」

安南人と見違えるほどに陽灼けした顔に丁髷《ちょんまげ》をのせた手代の梅吉が、涙を流さんばかりの表情でかけよってきた。梅吉は〝飛乗り〟といわれる密航者だったが、十年前から角屋のホイアン店で働いていた。

二

「お蚕《かいこ》さんの出来はどうかね?」

港にほど近い角屋の店の帳場にすわると、七郎兵衛は日本茶を喫しながら、手代の梅吉にまず訊《たず》ねた。

「たいそう豊作でございました。おかげで一貫二百で買占めましてございます」

「ほう、百斤《きん》につき銀一貫二百匁《もんめ》かい。それはお手柄だったね」

例年、生糸《きいと》百斤につき銀一貫四、五百匁が相場で、騰貴したときには二貫から二貫二、三百匁も支払うことがある。

ここ安南は常夏の国だが、ゆるやかな季節の変化と雨季があって、養蚕《ようさん》は春蚕《はるご》と秋蚕《あきご》の二季である。春、日本から船がくるまでに、前年の秋蚕の生糸を仕入れておく。これを〃古糸〃といい、夏に仕入れるのが春蚕の〃初糸〃である。そして、その初糸も積んで、八月から十月にかけての貿易風に乗って船が日本へ帰ってゆくと、在住の日本商人は養蚕農家をかなり奥地まで巡回し、家ごとに百五十匁か二百匁の銅銭を手渡し、より多くの蚕を飼うよう勧誘して歩く。船に積んできたおびただしい銅銭はこの手付金で、手付を打って他に売らぬよう約束させる青田買いである。

「これから初糸も大量に仕入れたいが、今年は桑の作づけをふやしてもらうよう、私もせいぜい村々をまわることにしよう」

「そうなさいませ。角屋の若旦那がわざわざ顔を出したとなれば、安南人の百姓どもはよろこびます」

「ダナンの茶屋《ちゃや》には負けたくないからね」

ダナンの日本人町には京都の大呉服商茶屋四郎次郎《しろうじろう》の出店《でみせ》があり、茶屋の朱印船はもっぱらダナンに入り、大量の絹を満載してゆくのである。

「さて、阮《グエン》氏の館に挨拶にまいるか」

一服した七郎兵衛は、ふたたび大小を差し、騎馬にまたがり、阮王朝の貴族で、この町の長官をしている阮氏への土産と、注文を受けていた蒔絵の漆器などを梅吉と供の者にもたせて館へ出かけた。

五十年配の阮夫妻は、トゥボン川を望む風通しのよい私室へ七郎兵衛を招じ、日本の土産物をよろこび、鶴の蒔絵の漆器がたいそう気に入った。そこへ女が茶を運んできた。薄桃色の絹のアオザイを着た若い女性である。

「娘の妙泰《みょうたい》じゃ。七郎兵衛どのは初めてであったかな」

と、阮氏が引き合わせた。

子鹿のように目がきらきらと光り、しっとりとした褐色の肌が輝くようで、七郎兵衛はまぶしさを覚えた。歳《とし》のころは十五、六であろうか。美しい、小柄な娘である。

「七郎兵衛と申す」

日本語で挨拶すると、

「ハイ。ニホンノコトバ、スコシワカリマス」

と、妙泰は微笑して答えた。そして、日本語でおもしろいことをいって七郎兵衛を笑わせ、両親にたしなめられると首をすくめて退《さが》っていった。

七郎兵衛は、おとなしい気性のおみよを思い浮かべ、控えめな安南娘が多いなかで、妙泰は貴族なので人見知りをせず天真爛漫《てんしんらんまん》なのだろうと思った。それにしても、よほど性格が明るいのだろう。

翌日から七郎兵衛は忙しく働いた。

日本人町は日本通りと呼ぶ街路に軒をつらねていて、角屋はその表通りに面して商品を陳列した店と帳場、中庭があってここに井戸があり、奥が深く、二階家の座敷と倉があって裏の川につながっていて、川から直接荷揚げすることができる。

港の広場にはにぎやかな市が立ち、ここでも商品を売買する。

雨季に入る七月まで、五月ごろから猛暑の日が多い。七郎兵衛はその時期も熱帯の太陽に灼かれて遠方の村々までを騎馬でめぐり、桑の育ち具合をみ、春蚕の生糸を買い入れ、別に銅銭をわたして秋蚕の青田買いに精を出した。

九月、辰申丸は荷を満載して日本へ帰帆していった。

翌年も春になると辰申丸は来航し、秋に帰帆した。角屋は大いに利をあげて店を拡張し、ホイアンの日本人町は戸数が百軒以上にふえて、いっそうにぎわった。

阮王朝は税を課するかわりに日本人町に自治と信仰の自由を許していたから、日本人は町長《まちおさ》をみずから選び、日本の法と習慣にしたがって生活し、仏教徒のほかにキリシタンもいて、日本の禁令の束縛をうけずに教会も建てていた。

そのホイアンで七郎兵衛が暮らして二年が経ち、二十四歳になった寛永十年（一六三三）の春がめぐってきた。そろそろ日本から辰申丸がくるころである。

――この秋は日本に帰れる。二年半ぶりにおみよに会える。

しかし、四月になっても辰申丸がダナンに着いたとの報《しら》せはなかった。大時化《おおしけ》にあい、難破したか漂流しているのであろうか。それとも、海賊に襲われ、積荷を奪われ皆殺しにされたか。

ダナンに行けばわかるだろうと、梅吉が出かけて行った。数日後もどってきた梅吉の顔色が冴《さ》えない。

「いかがした？」

「それがでございます……」

「はしはしと申せ」

「茶屋の船も入りません」

「だから、どうしたのじゃ？」

「明船《みん》よりきいたのでございますが、ご公儀は本年より異国へ船を遣わすことを禁じたとか……」

「朱印状を出さぬと申すか」

「そのようで」

「わが角屋へもか」

朱印状は一航海かぎりだが、幕府に功あった商人か大大名と特別の縁故の者に限られており、角屋は家康の危機を救って以来の恩誼《おんぎ》がある。そして朱印船は毎年十艘から十五、六艘が出ているのである。

梅吉はなおも言いにくそうに言葉をついだ。

「禁を破ってもし渡海した者は、死罪とか」

「そんな馬鹿な！」

「それだけではございません。異国に居住し日本へ立ち帰った者は、これまた死罪……」

「われらのことか……」

青天の霹靂《へきれき》である。にわかには信じがたい。

キリシタン禁令後、伴天連《バテレン》の取締りがきびしかったとはいえ、朱印船を奨励し、貿易で莫大な利をえている幕府が禁を定めるはずがなかった。もし法を変えたならば、日本人町へなんらかの達しがあっていいはずである。が、七郎兵衛の親しい友である町長の平野屋四郎兵衛《ひらのやしろべえ》も何も知らない。しかし、明船やポルトガル船やオランダ船からの情報はつぎつぎに入った。

前年の寛永九年（一六三二）正月に前将軍秀忠が没して将軍家光の独裁となると、この寛永十年二月二十八日、十七ヵ条からなる第一回鎖国令が発せられたのである。ついにこの年、東南アジアのいかなる港にも朱印船の来航はなかった。

「信じられぬ」

七郎兵衛はその言葉を血を吐くごとく幾度吐き捨てたことか。怒りと落胆、疑心暗鬼と禁がすぐにも解けるであろうとの期待こもごものうちに、その年が暮れた。

翌寛永十一年（一六三四）の夏、明船の船頭が鎖国令の条文の写しをもたらした。その年五月に二度目に発せられた鎖国令である。

一、異国へ日本の船を遣わす事を固く禁ずる。

一、日本人を異国へ差し遣わさぬ事。もしひそかに渡航する者あらば死罪。

一、異国へ渡航して居住したる者が立ち帰った場合は死罪。

一、異国に居住する同胞との金品、書状等のやりとりを一切禁ずる。
朱印船貿易で大航海時代を迎えていた日本は、以来、長崎出島での中国とオランダのみとの細々とした交易をのぞいて、ペリー来航の嘉永《かえい》六年（一八五三）まで、なんと二百二十年間にもわたって国を鎖《とざ》すのである。

三

「つらいお気持はよくわかります。されど、七郎兵衛さまの夢は、そのようなちいさなものだったのですか」

阮《グエン》氏の館で二人きりになったとき、妙泰はかなり達者になった日本語でそういい、七郎兵衛の心のうち深くをのぞきこむようなまなざしをむけた。

そのきらきらとした目は変わらないが、すっかりおとなびたこの貴族の娘は、あなたの生国《しょうごく》がどのような禁令を出そうと、あなたの貿易商人としての夢は、そのような禁にとらわれない、もっと大きな輝かしいものではないのですか、というのである。

初対面以来、阮氏の館で会うたびに彼女へもアジア貿易の夢を語っていた七郎兵衛は、図星をさされてはっとした。

「いや、たしかに私は……」

口ごもりつつ七郎兵衛は、この一年余、怒り、悲しみ、恨み、藁《わら》をもつかむ思いで鎖国の禁が誤報であることを望みながら、商売に身が入らずになすすべもなく過ごしてきた自身を恥じた。

――貿易商としてはむろんのこと、町長の平野屋四郎兵衛とともに日本人町の頭でもある角屋七郎兵衛として、こんなことでよいのか。

「しかし妙泰どの、朱印船が来なければ、私は手足をもがれたも同然です」

「そうでしょうか」

妙泰はやさしく微笑んだ。

「朱印状がなくても、七郎兵衛さまが船をおもちになり、ルソンやカンボジアやシャムなどと交易なさったらよろしいではありませんか」

「この私が朱印状なしに……」

これまた青天の霹靂であった。考えてもみなかったことだ。

――公儀が海外にいる同胞を切り捨てるなら、祖国を捨てて、角屋の旗印のみに生きてみるか。

阮王朝の貴族のこの娘は、七郎兵衛がその気になれば、阮王は七郎兵衛になんらかの許可をあたえるであろうといった。

「妙泰どの、チ・カム・オン（あなたに礼を申し上げる）」

七郎兵衛は深く頭《こうべ》を垂れ、籐《とう》椅子を立ち上がって、トゥボン川河口はるかかなた南シナ海の水平線を凝視した。灼熱の熱帯の夕陽が、静かに沈もうとしていた。

翌々年五月、七郎兵衛は妙泰と婚儀をあげた。七郎兵衛二十七歳、妙泰二十一歳であった。

この寛永十三年（一六三六）、幕府は改変をかさねてさらにきびしい第四回目の鎖国令を発した。

しかし、七郎兵衛は手持ちの銀をはたいて二百トンほどの船を建造し、これを辰申丸と名づけて、丸盆に三ツ餅の角屋の船印のみをかかげ、阮王の許可をえて安南国内の東京《トンキン》（ハノイ）や順化《フエ》の港ばかりでなく、カンボジアやシャムの港にまで往来して交易した。

その年も雨季がきた。日本の梅雨に似ているけれども、雲の多い蒸し暑い日がつづき、毎日かならず豪雨がある。田に水がうるおい、田植えがはじまる。水辺でのどかに草を喰《は》む水牛が日本の牛であったなら、故郷伊勢と変わらぬ風景である。風にさやさやとゆれる竹林もある。実りの秋ともなれば、稲田は黄金色に輝き、道のべの草も黄ばんで、日本の山里さながらにすすきの穂が白くなびく。

七郎兵衛は、梅吉をつれて絹糸を買いに村々を足しげく巡回もした。桑畑で桑つむ乙女《おとめ》がふと日本娘の笑顔をむけているのにハッとすることがある。諦《あきら》めて忘れていたおみよの面影がふいに二重うつしに浮かぶこともある。すべてを断ち切り、妙泰を妻として、この国に生きる日本人として腹をすえたつもりなのに、未練がましい白昼夢をみているのだ。

――帰りたい。

日増しにつのる祖国への思慕は、七郎兵衛ばかりではなかった。

「徳兵衛《とくべえ》の一家もマカオへポルトガル船で移ってまいった。マカオに行ったとて、日本へ帰れるものでもありますまいに」

町長の平野屋四郎兵衛がいって嘆息した。七郎兵衛より二歳年上の四郎兵衛は、もっとも信頼のおける親しい友である。彼も安南人の娘を妻に迎えていた。

しかし、ここホイアンの日本人町の人びとは、少しでも日本に近い王都の順化やさらに北にある東京、そしてさらに北東にあるポルトガル領のマカオへ移ってゆく者がふえていた。ことにマカオまで行けば、オランダ船か明船で長崎へ帰れるのではないか。帰れないまでも、日本の情報がここよりも早く入るであろう。

「マカオにおれば日本に帰れたとして、死罪であるのに」

と、七郎兵衛はいった。

死罪を覚悟して帰る者はいないのである。

「せめて、書状のやりとりが許されればのう」

松坂の年老いた両親、兄夫婦と甥《おい》っ子姪《めい》っ子たち、また堺の弟、長崎の叔父一家は、どうしているであろう。通信の自由だけでも許されれば、妙泰と所帯をもったことや船をもって交易に励んでいることを伝え、一族の消息を知ることができるのに。

「あたしなんぞは〝飛乗り〟で、生国もおのれから捨てた無頼者でしたから仕方ありませんが」

と、四十半ばを過ぎた梅吉は、急に老けこんでしまった顔でいい、

「こちらの店でお助けいただかなかったら、海賊にでもなって、とうにいのちを落としていたかもしれませんが、そんなあたしだって、いのちあるうちに生国長州萩《はぎ》の菊ヶ浜に立ってみとうございますよ」

そういって、涙を流した。

「なァに禁が解けて、かならず帰れる」

しかし、禁の解けたとの風説もなく一年余が過ぎ、翌年の秋、妙泰が男子を出生した。

「まあ、なんと利発そうな。目鼻だちがあなたにそっくりですよ」

乳をふくませながら妙泰がいった。

「私には、目もとといい口もとといい、そなたによう似とると思えるがのう」

順官《じゅんかん》と名づけた。名づけ親は妙泰の父であった。阮王朝貴族の習慣《しきたり》にしたがったのである。

その年が暮れ、国中が祭となって華やかに迎える正月《テト》、七郎兵衛は妙泰にいった。

「子を授かったお礼に、この町へなにかしたい。角屋が橋をかけ、町へ寄進するというのはどうであろう?」

日本人町の西のはずれに川があるのに橋がなく、渡船に頼っていた。ここに橋をかければ、日本人ばかりでなく、安南人も明人もすべてよろこぶ。

「それはよいお考えです。ぜひ、そうなさいませ」

妙泰もよろこんだ。

七郎兵衛は角屋の利益をつぎこみ、さっそく橋の工事にかかった。まず、橋脚の底に日本刀を埋め、四郎兵衛が神主となって祝詞《のりと》をあげた。山から切り出してくる石を積む、屋根つきの石橋である。雨季前に造り上げねばならない。日本人と安南人、明人が共に汗を流した。

五月に完成した。来遠橋《らいえんきよう》と名づけた。だが、日本人ばかりでなく安南人も明人も「日本橋」と呼んだ。

渡りぞめのとき、七郎兵衛は紋付裃・袴に大小を差し、乳呑児《ちのみご》の順官を抱いた妙泰と並んで先頭に立った。日本人町の戸数は急速に減少して六十軒ほどになっていたが、残っている日本人をはじめ安南人、明人の老若男女が列をなして橋を渡り、花火をあげ、祝いの酒や菓子にうかれて祭のようであった。

その翌月、梅吉が病《やまい》の床についた。

「あたしは果報者です。生国には帰れなくとも、この異国で角屋の手代として、旦那のつくった日本橋を見て死ねます」

それが梅吉の最期の言葉になった。

七郎兵衛が念珠をまさぐり念仏をとなえ、梅吉の墓石ははるか北北東の日本の方角にむけて建てた。

四

日本の年号が寛文に変わって間もなく、幕府から書状のやりとりが許されたとの風聞に、七郎兵衛は接した。

――真実《まこと》であろうか。

それさえもとうに諦めていたのだ。

この年、寛文三年（一六六三）は第一回の鎖国令が発せられて以来、三十年もが経っていた。七郎兵衛は在安三十二年、すでに知命《ちめい》の齢《よわい》を過ぎて髪は霜をいただき、顔には皺《しわ》がきざまれて、五十四歳を迎えていた。

気の遠くなるような三十年間であった。しかしその長い間、書状の往返は許されなくとも、長崎出島で交易できるオランダ船とシナ船を通じて、ひそかにこちらの消息を伝えることはできたのである。また、松坂にいる両親の死と長崎店の叔父が死んで家督を嫡男にゆずったことも知った。

五十四歳の七郎兵衛は、半信半疑ながらも日本へ書状を出せるよろこびに筆先がふるえ、松坂の兄七郎次郎への書状を二度三度としたためなおして、シナ船に托《たく》した。

返書を一日千秋の思いで待った。翌年の春、どのシナ船もオランダ船も返書をもたらさなかった。ようやく返事が届けられたのは、三年後、寛文六年（一六六六）の五月であった。しかも二通。松坂の兄がその年の正月に出した書状と前年九月のものが、シナ船の船頭揚賛渓《ようさんけい》と黄二官《おうにかん》から一緒に届けられた。さらによろこばしいことに、シナ船の船頭を介して長崎奉行を通じれば、金品のやりとりもできることがわかった。

五十七歳になっていた七郎兵衛は、さっそく日本へ送る金品をそろえ、兄の七郎次郎へ書状をしたためた。

昨年九月の状、本年正月の状、共にシナ船より相届き、うれしく懐かしく涙ながらに拝見つかまつり候《そうろう》。兄上ならびに義姉上さま御両人無事御仕合《おしあわ》せに御座候由《よし》承り、拙者《せっしゃ》大慶に在じ奉り候。また角屋一門商売繁盛の由、これまた満足に存じ奉り候。拙者、安南国に永年住まい居り候えども、妻阮妙泰、子息順官ならびに子女三名、つつがなく睦《むつま》じく暮らし居り候段、御安心下されたく候。また当安南国角屋、増々繁盛つかまつり居り候に付き、重ねて御安堵下されたく候。

さて、金品少々シナ船船頭に托し長崎商人荒木久右衛門《きゅうえもん》殿に御送り候に付き、角屋長崎店にて御引取り下さるか兄上御直々《じきじき》に長崎まで御下り下されたく存じ奉り候。

一、丁銀弐拾貫目《ちょうぎんにじっかんめ》　船頭揚賛渓に借《か》し遣し、荒木久右衛門殿へ確かに相渡し申す約束に御座候間、久右衛門殿より御受取り下されたく候。

一、丁銀壱《いち》拾五貫目　船頭黄二官ならびに五娘《ごじょう》の両名に遣し申し候に付き、これまた久右衛門殿より御受取り下されたく候。

一、白砂糖五百斤《きん》　右と同じく遣し申し候間、久右衛門殿より同じく。
一、同百斤　船頭呉《ご》巧珍《こうちん》より御受取り下されたく候。
一、交趾《コーチ》鍋《なべ》の風炉二つ　船頭呉巧珍ならびに商客王老人より御受取り下されたく候。
　　御供花《くげ》供物之事
一、銀百二十匁　伊勢大神宮へ御寄進下されたく候。
一、同八匁六分　松坂来香寺へ。
一、同二匁　薬師、みろく、くわんのん、それぞれ御上げ下されたく候。
　　寛文六年五月吉日
　　　　　　　　　　　　　　　　　角屋七郎兵衛
　　　　　　　　　　　　　　　安南国交趾より

また、誂状《あつらえじょう》には次の品々を記して注文した。

紋付羽織袴、足袋《たび》、金扇子、刀のさげ緒、雪駄《せった》、双六盤《すごろくばん》、将棋と将棋盤、雛《ひな》道具一式、畳八畳……。

すでに船頭として角屋の二艘の持ち船のうち一艘を任せていた長男の順官は、安南人の妻を娶《めと》っていて、七郎兵衛夫妻には女子の初孫ができていた。雛道具一式はその孫へ日本人の祖父七郎兵衛からの贈物である。また金扇子は、妻妙泰と順官の嫁、安南人へ嫁いだ三人の娘たちへの贈物であった。

その年が暮れ、翌春、シナ船の来航でこれらの金品が無事に届けられたことが確かめられ、誂えの品々を入手した七郎兵衛は、帰帆するシナ船に托してさらに多額の丁銀をはじめ絹糸、鮫皮などを送ると同時に、書状をそえて、酒二樽《たる》、醤油《しょうゆ》二樽、梅干一樽、鰹節六十、大根漬二樽、干大根少々、乾瓢《かんぴょう》少々、黒豆少々、塩松茸少々、モグサ一斤、目薬一箱などを注文した。

七郎兵衛は在安三十六年、丁髷《ちょんまげ》を結う身ごしらえはもとより、座敷を居室とし、日本の風習をかたくななまでに守り通してきたが、五十を過ぎてからはいっそう日本の風俗習慣にこだわり、食べるものも懐かしさから日本食を欲した。

日本酒が届くと、残り少ない日本人に配ったあと、無二の友である平野屋四郎兵衛と、日本の大根漬と梅干を肴《さかな》に刻《とき》の経つのも忘れて酌み交わし、二人とも大いに酔った。

「すっかり寂しくなったこの日本人町で、わしら二人がとうとう一番の年寄りになってしまったのう」

と、還暦を迎えた四郎兵衛が歯の欠けた口でいえば、七郎兵衛も、

「生国に帰ることはとうに諦めておるが、この国でいのち長らえてこうして日本の酒ば味わえるわしらは、幸せ者かもしれんのう」

と、近頃は目薬をささねばしょぼしょぼする目をしばたたいて応じ、

「それにしても、日本人にくらべて唐人は強いのう」

といった。

すっかり廃《すた》れてしまった日本人町にくらべて、唐人町では、人口がいっそうふえて派手やかな色彩の甍《いらか》をきそう家々が軒をつらね、町の門には「唐人街」と大書した扁《へん》額《がく》をかかげ、寺廟《じびょう》をつくり北帝や天后や関帝や龍神を祀り、正月はもとより端午《たんご》節、盂《う》蘭《ら》節、重陽《ちょうよう》節など祖国の行事を盛大におこなう。祖国では明朝が滅び、清《しん》朝に変わったというのに、政変や国のありようなどどこ吹く風といった風情で、同郷人と親類縁者が助け合う結束の固さに、七郎兵衛は怖れさえいだいて、ますます感じ入っていたのである。

――もし日本人も鎖国の令など怖れず、唐人のように国を逃れ結束して商売に徹していたなら、日本人町がこのように廃れることはなかったであろうに……。

そう思わざるをえない。

華僑《かきょう》の歴史は古く、中国でも鎖国主義が強化されるが、華僑は東南アジアにとどま

らず、世界各国へ進出してゆくのである。

その翌年秋、七郎兵衛は老妻の妙泰と五行山に詣《もう》でた。これまでも幾度も来ていたが、達磨座禅岩のある一峰の頂《いただき》ちかくに深い洞窟があり、その華厳洞《けごんどう》の奥深くに阿弥陀如来《あみだにょらい》が祀ってある。鎖国令が出て以後、七郎兵衛はじめ日本人が寄進したのである。崖の岩壁にそれらの寄進者の名が刻まれている。

日本営七郎兵衛　妻阮氏妙泰
日本営四郎兵衛　妻范氏可光
…………

日本営とは日本人町のことである。

二人はそれらの文字を感慨深く眺め、阿弥陀如来を拝み念仏をとなえたあと、洞窟の外に出て、山頂から緑の野と南シナ海を見おろしながら、言葉少なに語り合った。

「わしも来年は還暦。お前のお陰でよう長生きした」

「わたしのお陰などと……。あなたはお強い人ですよ」

「そろそろ冥土《めいど》へ旅立つ用意をせねばなるまい」

「なにをお気の弱いことを」

「いや、わしばかりのことではない。とうに逝った梅吉や日本人町の人びととの供養のためにも、寺を建立したい」

「まあ、日本のお寺を……」

「唐人は寺をもっておるのに、日本人には墓はあっても寺がない。寺があれば、日本人はわしの代で死に絶えても、順官や孫子の代はむろんのこと末代までこの国の人びとが菩提《ぼだい》を弔うてくれるやろ」

「それはようございます」

「うん。角屋の松本姓をとって、寺の名は松本寺《しょうほんじ》はどうやろうな」

翌年、七郎兵衛は日本への書状にこのことを記し、釣鐘《つりがね》の鋳造と寺院の扁額を注文した。

一、吊鐘　二尺五寸　一向
　文字　戌《いぬ》五月吉日
　　景治捌年　安南国交趾
　　　信主　日本営角屋七郎兵衛
　　信主　妻阮氏妙泰
　念入りに頼み上げ申し候。
一、扁額　金文字　松本寺　内のり高さ一尺六寸三方、内のり幅二尺七寸八方上下の彫物は草花、両脇に龍を彫らせ下されたく、いずれも金箔にて入念に作らすべく願い上げ候。

寺の図面は七郎兵衛みずからが引き、幾度も手直しをして仕上げ、安南人の大工に命じて普請にかかった。

翌年五月、黄二官の船で日本から梵鐘《ぼんしょう》が届いた。黄金色の光沢のある真鍮《しんちゅう》製で、見事な出来栄えである。六月、揚賛渓の船で扁額も届いた。しかし、いまだ普請半ばの七月、七郎兵衛は病の床に臥《ふ》した。

「まだ出来ぬか」

七郎兵衛は老妻妙泰と息子順官の肩をかりて普請場を訪れ、督促した。その無理がたたって、病はいっそう重くなった。十二月、鐘楼が先に完成した。

「撞《つ》かせてみよ」

枕から頭も上がらなくなっていた七郎兵衛は、そういって目をつむった。やがて、梵鐘の音がひびいてきた。

「よい音じゃ。松坂に帰った心地じゃ」

うとうとと夢をみているような穏やかな日がつづき、年が明けた寛文十二年（一六七二）正月九日、角屋七郎兵衛は静かに息を引きとった。享年六十三であった。

葬儀は落慶した松本寺でおこなわれた。

未亡人妙泰は、七郎兵衛の死を見事な和文で日本の兄七郎次郎に報じ、みずから髪をおろして松本寺に入った。翌年六月の書状では、七郎次郎その他へ絹等の贈物をして、次のように記した。


……家屋敷順官に渡し、我等儀は寺に居住つかまつり、朝夕花香手向《たむ》け申し候。夫七郎兵衛相果て、我等一人の力落し御推量下されたく候。

角屋七郎兵衛後家

その妙泰もこの翌年十月十五日、亡夫の後を追うように松本寺の一室で死を迎えた。

そのころホイアンの日本人町の日本人は「皆々相果て、わずか二人になり候」と、平野屋四郎兵衛は伝えている。鎖国日本が元禄の代《よ》となる十年前のことである。

以来、三百二十有余年、この南国はフランス領コーチシナとなり、アジア太平洋戦争では日本軍が侵入し、独立後、ベトナム戦争ではダナンのこのあたりは激戦地となった。

ホイアンの日本橋はどうなったであろう。石橋の上に寺廟があって北帝が祀られていて、日本的な面影はまったく残っていない。おそらく、その後架け替えられたのであろう。しかし、ベトナムの古い地誌には記されている。

——来遠橋。伝えるところによれば、日本商人が建造した。

松本寺がどこにあったかは明らかではないが、七郎兵衛と妙泰の書状、七郎兵衛が贈った交趾鍋の風炉など、当時を偲《しの》ぶわずかな品々は、伊勢の神宮徴古館に保存されている。

紅花の岸——紅花商　柊屋新次郎

一

「あッ、痛」

棘《とげ》に刺されることはめったにない。刺されぬよう、鋭い棘のついた萼《がく》が朝露に濡れてしっとりとさがっている早朝に、紅花《べにばな》の花弁だけを摘《つ》むのである。

でも、おひさは鋭い棘に指先を刺されて、その痛みに思わず手をひっこめ、顔をしかめた。

今年二十歳《はたち》になったおひさは、紅花《はな》摘みを十一のときからもう九年もやっている。今朝も暗いうちに起き、病《やまい》で寝たきりの父親に急いでしたくをした朝餉《あさげ》をたべさせ、着古した紺絣《こんがすり》の野良着に赤い襷《たすき》がけ、手甲《てっこう》に手拭の姉《あね》さんかぶり、その花摘み乙女《おとめ》の身なりで村の女たちと地主の紅花畑に出て摘んでいたのである。

紅花はアザミに似た形の黄色い花をつける。「半夏《はんげ》の一つ咲き」といって、夏至《げし》から十一日目の半夏生《はんげしょう》に一つだけポッと咲く。旧暦五月半ばごろである。そして、これを合図のようにつぎつぎと咲きはじめ、畑一面が紅花の鮮やかな黄色に埋まってゆく。

最上《もがみ》紅花で全国に知られる、ここ出羽国村山郡《でわのくにむらやまごおり》の谷地《やち》は、山形平野の最上川ぞいに見渡すかぎり紅花畑がひろがっている。梅雨《つゆ》の晴れ間や梅雨が明けてからの朝まだき、どちらをむいても花ざかりの畑に出て働くのが、おひさは好きである。

朝露に濡れているうちは萼がさがっているとはいっても、不慣れなうちやうっかりしていれば棘に刺されるし、陽の高くならぬうちに手早く幾籠《いくかご》も摘まねばならないから辛抱のいるつらい仕事だが、朝露をひんやりとふくんだ、程よい咲き加減の可愛い花を三本の指先で素早く摘みとるとき、おひさは紅花のあの美しい紅の色にぽっと染まってゆくような気分に誘われる。そして、新次郎《しんじろう》と恋仲になってからは、いっそうこの仕事が好きになった。

ゆうべも最上川の川べりでひそかに会って、たがいに口を吸いあったその新次郎のことをふと思い出してうっとりとしたとたん、おひさは右の中指の腹を紅花の棘に刺されたのだ。鋭い痛みにあわてて手をひっこめ、顔をしかめながらも、甘酸っぱいものをなめたような気分がきざしてきて、痛みを楽しんでもいる笑みを浮かべたおひさは、

「痛かなァ」

と、もう一度わざと声に出して、ぽちっと血のにじんだ中指をちゅっと大げさに吸った。

「あら、どうしたのさ、おひさちゃん」

かたわらで摘んでいたおふくが声をかけてきた。おない歳《どし》のおふくは三年前に村内《むらうち》の男に嫁ぎ、二つになる幼な子がいて、働いている。

「棘に刺されちゃったんよ」

「新さんのこと考えて、ぼんやりしてたんじゃろ」

おふくはそう冷やかして、

「いつまでもおらたちさじらせねえで、祝言あげたらよかよ」

と笑った。

おひさと新次郎の仲は、ここ谷地で大方の者が知っている。

おひさより七つ年上の新次郎は山形の生まれだが、「目《め》早《ばや》」と呼ばれる紅花の仲買人として谷地にきて暮らすようになった独り者で、おひさが知ったのは五年前、惚《ほ》れ合ってからでももう四年になる。

「じらしてるわけではねえよ。この秋には祝言あげっから」

と、おひさは弾んだ声で答えた。

「八幡様のどんが祭のころかい？」

むこうで摘んでいたおきんが耳ざとくきとって、大きな声でたずねてきた。

「ンだよ。祝言にはおきんちゃんも呼んでやっから」

嘘だった。まだ何ひとつ決まっていないのである。

――谷地中が大にぎわいの秋のどんが祭のころには、今年は新さんと所帯をもちたい。

嫁ぎおくれて、二十歳になってしまったおひさの、それが切実な願いだった。

二

最上川の川べりで二人きりで会うようになった当座、新次郎はおひさの知らないことをいろいろと話してくれた。

「紅花はね、おひささん、遠い昔、聖徳太子のころ、百済《くだら》や新羅《しらぎ》から海を越えて日本に伝わったそうだ。そのもとは唐天竺《からてんじく》よりもはるか遠く、おれたちの知らねえ南蛮の国らしい。それがはるばる唐天竺の〝絹の道〟を通って日本に伝来して、京の都のお公家《くげ》さんややんごとなき姫君の衣裳を染め、紅なんぞの化粧にも使われるようになったんだな」

その後、室町時代のころから全国各地で栽培されるようになった紅花のなかで、最上紅花が質量ともに全国一になったのは、江戸時代に入ってからである。ここ山形平野の最上川ぞいは、土地が肥沃《ひよく》な上に朝霧が立ちやすいので、紅花の栽培に適しており、山形、谷地、寒河江《さがえ》、尾花沢《おばなざわ》など、紅花の産地となった。ことに谷地は紅花どころで、土用を盛りに花摘みの時期には、にぎやかに花市が立ち、京都からも仲買人が大勢やってきて、そのにぎわいはすさまじいほどである。

その花市で目立つのが、「目早」あるいは「サンペ」と呼ばれる仲買人で、おひさは花市ではじめて新次郎を見たとき、素早く紅花の品定めをして値をつけている新次郎のきびきびとした動作とその男前に、胸の奥がキューンとして、見惚れてしまったのだ。

紅花商の花宿《はなやど》で加工されて紅餅《べにもち》となる紅花は、一梱四貫目に梱包され、馬の背に積まれて大石田《おおいしだ》まで運送される。そして大石田河岸から舟で最上川をくだり、日本海の酒田に運ばれる。

おひさの兄の藤吉《とうきち》が大石田河岸で船頭の見習をしているので、おひさはそのことは知っていたが、新次郎は酒田から先の話をしてくれたのだった。

「酒田でいったん陸揚げされた紅花は、千石積みもの大きな北前船《きたまえぶね》に積みかえて、日本海の荒波を乗りきって敦賀《つるが》に運ばれるんだよ」

「敦賀に？」

「ああ、敦賀国の敦賀だ。上方から蝦夷地《えぞち》までを往復している北前船は、酒田を出るとまず越後の新潟、次に佐渡島の小木《おぎ》、そして能登の福浦《ふくら》に寄って、ようやく敦賀に着くんだ」

「そんなに長い海の船旅をするの？」

「敦賀に陸揚げされた紅花は、また馬で琵琶湖の塩津《しおつ》か海津《かいづ》に運ばれ、ふたたび船で琵琶湖を渡って大津に着き、大津から川をくだって、ようやく京の都に入るんだよ」

「幾日かかるの？」

「北前船は途中で風待ちをしたり、時化《しけ》のときは港でやり過ごしたりするから、ひと月近くはかかる。でも、この紅の道のおかげで、最上紅花が京へ早く大量に運ばれるようになったんだな」

「紅の道……」

おひさはその言葉を口のなかでそっところがしてみた。

「京紅や京雛《びな》は、その紅の道を通ってこの谷地へ運ばれてくるのね」

「帰り荷に積んでくるんだ。どんが祭の踊りや山車《だし》だって、紅の道で伝わってきたといわれるけど、言葉だってそうだよ。お汁《づけ》は京言葉でおつけ、唇《くちべら》も京言葉だ」

「新さんて、ほんに何でも知ってるのね。おおきに」

「そのほんにだっておおきにだって京言葉さ」

二人は顔を見合わせて笑い、おひさは甘えるように訊《たず》ねた。

「新さんは、京へ行ったことがあるの？」

「幾度も行ったよ。紅の道でね」

「羨《うらや》ましい」

「こんど京に上ったときは、おひささんに京土産を買ってくるよ」

「ほんに？」

「ほんにさ」

約束通り、新次郎が京土産にきれいな貝に入った高価な京紅を買ってきてくれたのは、翌年の秋、新次郎が「紅の道」で京に上り、紅花問屋や紅染屋や紅屋をまわって仕事を片づけて帰ってきたときだった。

おひさは花時には雨さえ降らねば花摘みを毎日朝のうちし、雨の日も花宿で紅餅づくりをして一日中働いてはいるが、紅花からつくった高価な京紅を唇にさしたことはなかった。ましてもっと高価な紅花染めの小袖や振袖や贅沢《ぜいたく》な京雛などは、紅花大尽《べにばなだいじん》といわれる谷地の大地主や花宿の娘たちのものを見たことはあっても、手にとって触ったことさえない。せめて京紅をさして化粧してみたいと、乙女心に想い描いていたのである。

その夢を惚れた男がかなえてくれた。

おひさは小さなきれいな貝に入った京紅の、しっとりと輝く紅の色に見入って息がとまり、涙さえ浮かんできて、しばらくは言葉も出なかった。

「なんだい、泣いたりして……」

「……うれしいの。……新さん、おおきに……」

肩に手をかけてくれた新次郎の掌のやさしいぬくもり、顔を寄せてきた惚れた男の息遣いと男くささ……。その日おひさは、男にはじめて身をまかせたのだった。

薬指にほんの少し水をふくませて紅をとかし、その紅差指で唇につけるとき、おひさは手鏡に映る幸せな女の自分に微笑みかけながら、はるかなる「紅の道」の景色を想い浮かべてみる。

唐天竺よりも遠い見知らぬ国から絹の道を通ってはるばる遠い昔に日本に通じた「紅の道」。それは考えるだけで気が遠くなるほど果てしない道だ。

おひさの脳裏に目をつぶる気持になるだけで鮮やかに浮かぶのは、まずここ谷地の最上川の両岸を鮮やかな黄色に埋めつくす紅花の花ざかりの景色である。

遠い山脈《やまなみ》がうっすらとかげり、梅雨時は水嵩《みずかさ》の増した最上川が、梅雨を過ぎれば澄みきった水流の最上川がゆったりと黄に燃える紅花畑を縫うように流れ、街道には紅花の荷を積んだ馬の列がゆく。人びとと荷でにぎわう大石田河岸で、小鵜飼舟《こうかいぶね》に積みかえられた紅花は、最上川の流れをくだってゆく。途中、七ッ石、三河瀬、隼瀬の三大難所があって、たまに舟が遭難することがあるけれども、船頭たちは難所を乗りきることを誇りとしている。そのことを二つ年上の兄からおひさはきいていて、岩が幾つも水中から屹立《きつりつ》した急流の難所の風景を想像できるが、行ったことがあるのは谷地から五里ほど下流の大石田の河岸までである。

最上川の河口の酒田、そして北前船での船旅……。はるか「紅の道」の果ての京の都のたたずまいを、おひさは想い浮かべてみる。

新次郎の話では、清らかな賀茂川が流れ、古い商家が建ち並び、たくさんの紅花問屋、紅染屋、紅屋と呉服商、小間物店、そして由緒ある古い寺々のある、天子さまのおいでになる京の都。そして、「紅の道」を通って谷地に伝わってくる目のさめるような紅花染めの衣裳や雅《みやび》な雛人形や京紅のある都……。

江戸からも遠いここみちのくは羽州《うしゅう》の紅花の岸辺から、はるか遠くの京の都をうっとりと想い浮かべるだけで、おひさは生きていることのこの上ない幸せを感じる。

——新さんと夫婦《めおと》になって、一度でいい、京の都へ行ってみたい。

その大それた夢さえかなえられるかもしれないと、おひさは胸をふくらませてきたのである。

三

朝露のあるうちにせっせと紅花を摘んだおひさは、地主の広い屋敷の紅花小屋に運び、ひと休みするひまもなく、近くの花宿の作業場に行って紅餅づくりをした。

まず花びらをよく解きほぐしながら、混じっている葉やわらしべなどをきれいにとり除く。そうした紅花を半切桶と呼ぶ大きな盥《たらい》に入れ、花がかくれるくらい水を注いで、この盥の中に入って素足でよく踏みつける。まず雑汁《ざつじる》を出すためである。

おひさら若い女たちは、もっぱらこの足踏みをやる。足の裏はもとより脛《はぎ》から膝小僧のあたりまで雑汁の黄色に染まり、脚がかったるくなる。でも、おしゃべりを楽しみながら、足裏に花びらのやさしさを感じてやさしくやさしく踏むのである。

次の工程は、花ざるに移して水で何度も洗って黄気を流す花振りで、荒振り・中振り・揚振りの三段階があって、この力仕事は男たちがやる。

次は枠のある底にヨシズを張り筵《むしろ》を敷いた花せいそうに花を敷き並べ、一昼夜寝かせておく花寝せで、その間に幾度か水をかけてやる。

その花寝せをすませた花をまた半切桶に入れて、ふたたび踏むか揉《も》む。このとき黄色い汁が出るが、最初の雑汁より貴重な汁で、これは黄色の染料として使える。最後に紅色の餅状になった花をち切って団子にまるめ、これを花筵に並べ、さらに花筵で覆い、素足で軽く踏みつけて平らにしてから筵をとり除き、天日に干して乾かす。一日に三回ぐらい裏返して平均に乾燥して、濃い彩りの紅餅の出来上がりである。

この紅餅が一梱四貫目に梱包されて、馬の背で大石田河岸へ運ばれてゆくのだ。江戸時代初期の寛永のころまでは、紅花を栽培する百姓家で紅餅づくりまでをしていたが、生産量が上がるにつれて、さまざまな道具や広い干し場や大勢の労力を必要とする紅餅づくりは、資力のある紅花商人の花宿でやるようになった。こうして好景気の元禄時代を迎えて、最上紅花どころの谷地は大いに栄えたのである。

しかし、いまはその好景気がしぼんでしまった享保《きょうほう》年間。ことに四、五年前の一時期、全国一を誇った最上紅花の値が、仙台や常州、総州産より一駄当り十両も十五両も安値になってしまったことがある。

村山地方だけで千駄も産して「最上千駄」と呼ばれる紅花の値段は、およそ米の百倍もの高値である。それが急速に値下りして花宿の紅花商人、栽培の農家、仲買人など一同は仰天した。花市へ京都からくる仲買人も減り、京都の紅花問屋からは、近年、最上紅花の品質が劣り、値も仙台ものや常州、総州ものより低いが、これはどうしたわけかとの苦情の書状がつぎつぎに届いた。いっそうあわてた谷地の紅花商人たちは寄合をして、改善策をあれこれ話し合った。このとき、活躍したのが若い仲買人の新次郎だった。

ちょうど、おひさが新次郎と知り合って間もなくのころである。

「困ったことだよ、おひささん」

暗い顔などしない新次郎がおもてを曇らせて、

「人間って奴は好景気がつづくといい気になって、もっと儲けようと欲ばかりかいていい加減なことを平気でやるようになる。この私がそうだった。有頂天になってるから、自分の増上慢でこさえた大きな落し穴が足もとにぽっかりできちまってるのに気づかねえ。その穴に落ちてみて、はじめて慌てるんだ」

いけねえなァ、とげんこつで額を叩きながら、最上紅花の品質の急速な低下と値下りの原因を話した。

「原因のひとつは、花摘みのいい時期がこないうちに早摘みするせいで、紅の色が薄くなったんだな」

そういわれれば、早摘みをさせられていたおひさ自身、よくないことだと気づいていた。紅花栽培の地主たちは、花市で高値のつく早い時期に出荷しようと、未熟な花を早摘みしていたのである。

「それに、昼ごろまで摘むのもよくないんだ」

と新次郎はいった。

朝露が消えてから摘むと、棘に刺されるだけでなく、紅の成分が落ちるということがわかったという。これまた花市で高値の早期に出荷したい百姓家がそうしていたのだ。

「着せ花をしたりして、紅餅づくりにもよくないものがあった。置き花もね」

着せ花というのは、質の悪い花をよく見せるために、外側に上質の花をかぶせてごまかすことである。置き花というのは、雨降りの日に摘んだ濡れ花を一晩囲っておいて、翌日に花市に出すことで、玄人《くろうと》目もごまかせるが、紅にしたとき質が劣る。

こうしたことを新次郎は調べ上げて寄合で話し、総代の一人に選ばれて改善策をつくり、山形藩庁や幕府の代官所に願い出て、改善の達しを出してもらったのである。

その達しは、

一、早摘みを禁ず。適期に摘みとる事。

一、花摘みは朝露のある四ツ時（午前十時）までに終わらせ、四ツ以降は摘まぬ事。

一、着せ花をせぬ事。

一、置き花をせぬため、雨の日の花摘み厳禁の事。

こうしてようやく最上紅花は往年の品質と値をとりもどした。

新次郎は仲買人としての才だけでなく、こうした尽力が多くの人びとから認められ、とくにその才覚と努力を見込んだ花宿の柊屋《ひいらぎや》甚右衛門《じんえもん》は、新次郎を雇い入れ、柊屋の手代にとり立てた。それが去年のことである。

谷地で三本の指に入る紅花商の柊屋は、おひさが働きに行っている花宿なので、柊屋に行けば新次郎に会える――おひさにはその楽しみもふえたのだった。

おひさが作業場でおきんたちとにぎやかに半切桶の紅花を素足で踏んでいると、むこうの座敷の縁先で主人の甚右衛門となにやら話している新次郎の姿が見えた。新次郎のほうもおひさに気づいて笑顔をむけてきたが、人前で二人は親しく話すことはない。

昼休みになって、おひさが井戸端で足を洗っていると、新次郎が裏の田んぼにくるようにと二人だけに通じる合図をして裏門を出て行った。あとから行ってみると、小流れのふちにしゃがんで待っていた新次郎は、おひさの肩を抱いてしゃがませ、言いにくそうに話しだした。

「急に京へ行くことになりそうなんだ」

「どうして？」

「面倒なことがおきちまってね」

「……」

「いまは詳しく話せないけど、京の紅花問屋仲間で困ったことがおきちまって、このままだと谷地の花市が衰えちまうばかりか、京の紅花問屋からの紅花代金がとどこおって、谷地の紅花はえらいことになっちまう。そこで谷地の紅花商人を代表して柊屋の甚右衛門旦那と青柳屋の喜惣治《きそうじ》旦那、それに、紅花栽培の百姓惣代《そうだい》として忠助さんが京都お奉行所へ訴願書をもってくことになったんだが、この私も一緒に行くことになりそうなんだ」

「いつ行くの？」

「お盆が過ぎたら出立《しゅったつ》することになるだろうな」

「どんが祭のころには帰れる？」

「そいつは無理だ」

「じゃいつ帰れるの？」

おひさはいまにも泣きそうな顔になった。

「京の紅花問屋仲間との話し合いも面倒なのに、相手がお奉行所じゃすぐに帰れるってわけにはいくまいよ。まあ、年内いっぱいは無理だろうな」

新次郎はそう話して、

「私だっておひささんと長いこと別れていたくはないさ。でも、谷地の紅花の一大事だから仕方がない。ようやく紅花の質がよくなって評判をとりもどしたっていうのに、こんどは別の災難だ」

おひさの肩に手をおいて、

「今夜、会えるかい？」

と、目の奥をのぞきこんだ。

「ええ」

「じゃいつもの場所で。そのときゆっくり話すよ」

その晩、最上川べりの土手で新次郎が話したことは、およそ次のようだった。

この年、享保二十年（一七三五）、京都の紅花問屋仲間がつくっていた「稲荷講《いなりこう》」という仲間組織が、進行中の幕府の享保改革の中で、冥加金《みょうがきん》を出すことによって公認された。

そもそも一般に問屋と称するものは、室町時代に発生し、江戸時代に入って大いに発展し、問屋仲間がたがいに団結して大なる独占権を有するに至った。京都の紅花商人仲間は、元禄時代には紅花問屋仲間、紅花仲買人仲間、紅花すあい仲間（目早に相当する業者）、紅染屋仲間に分かれていたが、その後、紅染屋が多くなったので、「稲荷講」という仲間組織をつくって新しい業者の乱立を防ぎ、自分たちの独占益を守ろうとはかった。当初は情報を交換する親睦会のようなものであったのが次第に仲間意識を強め、紅花問屋や仲買人やすあいなどの合計十四軒の業者が「紅花問屋稲荷講」という仲間を結成して「定《さだめ》」を制定した。その第一条は、講員でない紅染屋との取引を禁止し、第二条では生産地から勝手に紅花を直接買い入れることを禁じ、第三条ではこれに違反した者には、その後の商いを禁止する、というきびしいものであった。

その仲間組織の「稲荷講」が幕府から公認されたのである。ということは、今後、講員以外の京都の紅花問屋や仲買人や紅染屋などは、産地からの直接買いが公的に禁止されるので、最上地方に出向いて花市で紅花を直接買えなくなる。そうなると、山形や谷地の花市は衰えてしまう。また、「稲荷講」の独占で、講に入っていない京都の紅花問屋などの倒産するおそれがあり、事実すでに問屋のなかには紅花代金を谷地の紅花商人へ送金してこない者も出はじめたのである。紅花は手形をそえて京都の問屋へ送られ、代金は後日精算が定法である。

「そんなわけで、ここは柊屋だけのためではなく、私も谷地の紅花商人として、ひと肌もふた肌も脱がねばと思うんだ。正月には帰ってくる。この厄介事が片づけば、来年は柊屋から暖簾《のれん》わけをしてもらえて、私自身の花宿がもてるかもしれない。そうしたら、おひささん、おめえは私と祝言をあげて、歴《れき》とした花宿のかみさんだ。祝言は来年まで待ってくれ。いいな、おひさ」

「来年は、きっとだよ。新さん」

おひさは新次郎の胸に身を投げて、二十歳の熟れきった女の肌を川辺の夜風にさらしたのだった。

四

新次郎がいない秋のどんが祭は、おひさにとって寂しいものだった。

八幡宮に奉納される舞楽は、谷地で紅花が栽培されるようになって京都との交流がはじまった室町時代に都から伝えられたといわれる『陵王《りようおう》』の舞いで、その所作と楽の音の雅《みやび》さは、京の都を彷彿《ほうふつ》とさせる。また華やかに飾りつけた山車《だし》も、京都の祇園《ぎおん》祭《まつり》を真似たものといわれ、これまたおひさは、新次郎のいる京の都を想い浮かべて寂しいけれどもうっとりとした。

その後、新次郎からは無事にお役目を果たしているとの簡単な便りがあっただけで、谷地に雪の降る冬が訪れた。

正月になっても柊屋甚右衛門をはじめ新次郎の一行四人は、誰ひとりもどってはこなかった。京都の紅花問屋仲間「稲荷講」との話し合いがつかず、また京都奉行所への訴願の件も長びいているのだとの話をおひさはきいた。

正月に大石田河岸からもどってきた兄の藤吉と病の父と三人で、おひさは二十一歳になってしまった新年を祝った。

「おひさ、おめえまだあの新次郎てえ男に惚れてんのか」

酒に酔った藤吉がきいた。

おひさはこっくりをした。

「よしなよ、あの男は」

と、藤吉は吐き捨てるようにいった。

「おめえ、うまいこと言われて騙《だま》されてるんだ」

「そんなことない。新さんはあたしと夫婦《めおと》になるって言ってくれてるんだから」

「目早ならともかく、柊屋の手代じゃ身分が違いすぎて釣合がとれねえじゃねえか。よしな、よしな。あの男のことは諦めて、さっさと嫁に行くこった」

「そんなこと言ったって……」

おひさは口をつぐんで、寝たきりで口もほとんどきけない父を見た。そして、その父から目をそらしていった。

「兄《あん》ちゃんこそ、嫁さんをもらっとくれよ」

「一人前の船頭さなったらもらうさ」

そういって藤吉が黙ってしまったので、この話はそれきりになったが、おひさ自身、新次郎の嫁になれることを疑わぬではなかった。これまで見合い話を断わってきたのは、新次郎とのこともあったからだが、早くに母を亡くし、その後病で臥《ふ》せってしまった父の看病がつづいていたからである。それは新次郎に嫁ぐ場合もおなじで、結婚をのばしてきたのは、おひさの方の事情もあったのだ。その上、新次郎が柊屋の手代に出世して、さらに暖簾わけした柊屋の主人ともなれば、水呑百姓の娘のおひさとは差が開いて、玉の輿《こし》には違いないが、そううまくいくものかどうか。

柊屋甚右衛門には、おすずという十六になる一人娘がいるのである。

――もしかして、あのおすずさんと新さんが……。いけない、いけない……そんなことあるもんか。

畑も道も林も、そして山々も雪にとざされた冬の間、おひさは気持がゆれながら、新次郎が帰ってくる雪どけの春を待ちこがれて過ごした。

ようやく雪がとけ、紅花の種《たね》播《ま》きがはじまった三月、下り船で柊屋甚右衛門らが帰ってきた。が、新次郎の姿だけはなかった。

京都奉行所へ出した訴願の結果がいまだに出ないので、新次郎ひとりが残って、なお八方手をつくしているのだと、おひさは甚右衛門からきいた。谷地の豪商の花宿の主人からそれだけをきくだけでも、おひさの身分ではやっとである。

新次郎からの便りはなく、畑の紅花は間引きがすんで緑の葉を繁らせ、蕾《つぼみ》もふくらんで、ぽっと一つ咲きの半夏生《はんげしょう》の日を迎えた。そして五月雨《さみだれ》のなかで、つぎつぎに開花し、どこの畑も一面に黄色に埋まってゆく。梅雨の晴れ間、紅花《はな》摘みがはじまった。おひさは摘みながら時折り目をあげて、新次郎が帰ってこないかと街道を見た。夏の風が草をなびかせて渡ってゆくだけである。

梅雨が明けると、真夏の朝の陽が紅花畑の街道を照らしているばかりである。花市は往年ほどではないが、にぎわっていた。京都の「稲荷講」の仲買人がきているときいて、おひさは花市へ行ってみた。そして、新次郎のことを訊ねた。すると、のっぺりとした顔のその京男はまじめな顔でいった。

「新次郎はんかい。祇園の芸妓はんの 唇《くちべら》すうてますやろ。そやさかい、もどってこんのとちがいますやろか」

先に帰ってきていた地主の忠助旦那にもおそるおそるきいてみると、言いにくそうに京都に惚れた女がいるといった。そればかりかおひさは、新次郎が大事を首尾よく果たしてもどってくれれば、柊屋の婿《むこ》養子に入り、一人娘のおすずと結ばれるとの噂《うわさ》をあちらこちらで耳にした。

——やっぱり新さんは、あたしなんかより……。

それ以上考えることは、おひさにはできなかった。

——自分を想いつづけているあの人が京の都にいる。

それだけを信じたかった。

その日も朝のうち紅花摘みをして、柊屋の花宿で働いたおひさは、夕方、家にもどらず、最上川べりの小径《こみち》を下流の大石田河岸へと歩きつづけた。梅雨が明けて間もないこの季節、日は暮れようとしてなかなか暮れない。五月雨をあつめて水嵩《みずかさ》の増している川面《かわも》に両岸の緑と紅花の黄がとけこむように映って、そのゆるやかな流れが、はるかかなたの京の都へ、「紅の道」でつながっているのである。大石田河岸まで行けば、舟で酒田に出て、北前船で京の都へ行ける。舟に乗らなくても、紅花の黄と緑を映しこむ川面にそっと身をおけば、どこまでもどこまでも流されてゆく。

おひさは川べりにしゃがみこむと、袂《たもと》から新次郎にもらった愛用の京紅をとり出し、貝の蓋《ふた》をあけ、薬指の先を川の水で濡らして紅をとき、その紅差指で下唇にほんの少し紅をさし、川面の水鏡に顔を映して、唇を化粧した。両の頬にもほんのりと紅を刷《は》く。

「兄《あん》ちゃん、おとっつあんを頼むよ」

それだけを声に出してつぶやいた。

夕暮れの最上川の水鏡に映った、京紅で化粧したおひさは、十六、七の乙女のように若やいで美しい。

誰を恨んでもいなかった。

——このまま紅の道の流れに浮かんで流されて、だんだん沈みながら流されてゆけばいい。そうすれば、京の都へゆける……。

それがいちばんの幸せだった。

おひさは大事にしている紅花染めの赤い鼻緒の草履《ぞうり》を脱いで岸辺にきちんとそろえると、両の手を合わせ、花ざかりの紅花畑へ踏み入るように、そっと川に入った。花を映した日暮れの激流が、笑みを浮かべたおひさを、しっかりと抱きとった。

五

——おひさ、なんで待っていてくれずに、ひとりぼっちで逝《い》っちまったんだ……。

その年の盆過ぎに、ちょうど一年ぶりに京都から谷地にもどってきた新次郎は、おひさの入水《じゆすい》を知ると、その最上川べりに立った。

水量をすこし減じた清流が、花摘みのほとんど終わった紅花畑の岸を、今日もゆったりと流れている。

京都での新次郎は、柊屋甚右衛門らが帰郷したあとも、「稲荷講」の一筋縄ではいかない代表者の紅花問屋紅屋久左衛門らを相手に折衝をかさねる一方、京都の紅花商を監督する京都二条蔵奉行《くらぶぎよう》への訴願の件がらちがあかないと知ると、奉行所の上の京都所司代に次の諸点を直接に訴えた。
一、稲荷講が谷地の紅花商人にあたえた損害を吟味してほしいこと。
一、谷地の紅花売買の利益が稲荷講の公認以来、低くなったこと。
一、講員以外の紅染屋も従前通り最上へくだれるようにしてほしいこと。
一、紅花の買上げは稲荷講の独占ではなく、売人買人が直接交渉できるようにしてほしいこと。

などである。

そうした折衝と訴願の日々、ときには京都の紅花問屋や紅染屋の旦那衆と祇園の茶屋に遊ぶことはあり、たまにはうさばらしに独りで茶屋へゆくことはあった。しかし、芸妓にうつつをぬかしたことはなく、つねにおひさのことを想いつづけていたのである。ただ、字のよく読めないおひさへ書状を一度出したきりで、その後、便りをしなかったことは悔まれる。けれども、おひさのよろこぶ顔を想い浮かべて、高価な京雛を買い求め、それを土産にいったん帰ってきたのだ。

享保雛といわれる、きれ長な目で面長な顔の優雅な男雛女雛《おびなめびな》で、いずれも紅花染めの、紅色の金襴《きんらん》の衣裳をつけている。

「この男雛女雛みたいに、私はおまえとこの秋は必ず祝言をあげようと、帰ってきたんだよ、おひさ」

新次郎は夕暮れの最上川の川面へそう語りかけて、合掌した。そして、そっと雛を流した。

雛が流れに沈み、見えなくなっても、川もあたりの景色も深い闇に没するまで、新次郎は川辺に立ちつくしていた。

その新次郎が、こんどは寒河江の紅花商もくわえて京都の一条蔵奉行へ再訴願のため、谷地の青柳屋喜惣治らとふたたび上京したのは、その年の秋のうちであった。前から願い出ていた、今後は紅花の売買を現金取引にしてほしいとの件を主におしすめるためである。稲荷講側は、独占体制がくずれるのをおそれて、現金売買の取引では中以下の問屋が困るといい張っていたのである。

その年も暮れようとして、ようやく奉行所は「現金売買は商人勝手たるべき事」との意向をしめしたが、所司代がその訴願に対して容易に判決をくださなかったのは、多額の冥加金をとって稲荷講を公認していたためである。

疲れ果てた新次郎ら代表は年が明けた春、奉行所の意向を唯一の成果として帰郷した。そして、京都紅花問屋仲間の独占体制はつづいたものの、谷地の花市は活況をとりもどし、紅花の生産量もふえた。

新次郎の献身に心を動かされた柊屋甚右衛門は、一人娘のおすずをめあわせて新次郎を柊屋の婿にむかえようと申し出た。しかし、新次郎はこれを断わり、暖簾わけをしてもらって、柊屋新次郎を名乗った。

彼は生涯、独り身を通し、紅花の品種改良にも努め、養子を迎えて柊屋をまかせ、自分は京へ送る紅花の流通経費を少しでも削減しようと、大石田河岸までの荷駄での運送を舟運にきりかえようと努めた。

谷地からの馬での運送は、西部街道の大久保―富並―横山を通った方が便利なのに、これは禁止され、野田の渡しで最上川の対岸へ運び、羽州街道を通らねばならなかった。西部街道なら五里、羽州街道だと七里の道のりである。

その羽州街道は諸大名の参勤交代の指定街道で、各宿場は藩と幕府の管轄《かんかつ》のもとにあって、紅花の運送もそこを通らねばならぬように規制されていた。それにくらべると舟運で大石田河岸へ送った場合ははるかに安価で早いのである。

しかし、柊屋新次郎が願い出た舟運への変更は実現しなかった。今日でいう規制緩和は、この時代いっそう容易ではなかった。

京都の紅花問屋仲間「稲荷講」との争いも、稲荷講の不正が明らかになり、京都所司代の判決が出て、谷地の紅花商たちが「願いの通り現金直売りに仰付けられ候」ということになり、稲荷講の解散が命じられたのは、新次郎らが訴え出てからなんと三十年後の明和二年(一七六五)、新次郎五十七歳のときであった。養子の伊平次《いへいじ》に嫁を迎えて、孫が四人いた柊屋新次郎は、この年、家督を伊平次にゆずって隠居した。

今日も柊屋の花宿は、紅餅づくりの大勢の男女で活況を呈していた。

「ご隠居はん、ご隠居はん」

隠居所にいた新次郎を下女が呼びにきた。この秋に嫁ぐ十六になる孫娘の衣裳が京から届いたので見てほしいという。庭下駄をつっかけ中庭を横ぎって母屋へ行ってみると、奥座敷で伊平次夫婦と孫娘のおくにたちが待っていた。衣桁《いこう》に紅染め衣裳がかけられ、畳にも置かれている。

衣桁にかけられているのは、紅綸子《べにりんず》地《じ》に鶴と松竹と亀甲文絞縫《しぼりぬい》の振袖である。紅花染めの鮮やかな綸子の色合いが見事で、刺繡《ぬいとり》の白い美しい鶴が松竹の林に高く低く舞い、舞いおりた鶴もいて、裾模様に亀甲絞りがあしらわれている。

「見事なもんや。さすが京の紅染め衣裳やなァ」

新次郎はしばし見とれ、孫娘にまとわせて、

「きれいや、きれいや」

と、涙声で連発した。歳をとって、涙もろくなっているだけではなかった。

紅花染めの濃い紅色も淡い紅色も鮮やかな黄色も朱華《はねず》も、華やかでいながらなんと哀しく切ない色彩《いろどり》か――新次郎はそう思う。

一時はようやく忘れることのできたおひさのことが、歳を重ねるごとに逆に心に浮かんできて、過ぎし日の悔いが消えるどころか深まり、紅花の紅の色がはるかなるものへの憧れの哀しい色に思えるようになった。

——美しゅう哀しい色やなァ……。

縁側に出て老いの目をそっとぬぐった紅花商柊屋新次郎は、そうつぶやいていた。

現銀安売り掛値なし——呉服商　三井越後屋八郎兵衛高利

一

兄の死を願っていたわけではなかった。

しかし、長兄俊次《としつぐ》の突然の病死の報《しら》せに、末弟の三井《みつい》八郎兵衛《はちろべえ》高利《たかとし》は、長いあいだ頭をおさえていた重い蓋《ふた》がふいにはずれたようなよろこびに、思わず声をあげたかった。

——これで、年来の夢が叶《かな》う！

京都に仕入れの本拠をもって江戸で呉服を商う「江戸《えど》店《だな》もち京商人《きょうあきんど》」の、なんと二十四年来の夢が、である。

「おかね、京の兄さんが亡くなられたッ」

帳場を出て、妻の名を呼びつつ奥へ小走りに急ぎながら八郎兵衛高利は、兄の死を驚き悲しむべき自分の声が弾んでいるのを、妻や店の者にきかれるのを憚《はばか》った。しかし、半ば諦めながら、待ちに待っていた商機到来である。

二日前の長兄の死が京都から伊勢松坂の高利の店へ報じられた、寛文《かんぶん》十三年（一六七三）七月十六日のことである。

すでに高利、五十二歳。

事業をあらたに起こすには、遅い出発であった。

八郎兵衛高利は、元和《げんな》八年（一六二二）、伊勢松坂で質屋をかねて酒・味噌を商う三井越後屋の四男として生まれた。祖父三井越後守高安《たかやす》が天正年中、佐々木氏滅亡のとき伊勢に流浪し、父高俊《たかとし》が松坂本町に店を開いたので、世間から「越後殿の酒屋」などと呼ばれたことから、「越後屋」の屋号が生じたといわれる。

父の高俊は武家の気風をうけついで商売は下手であったが、信心家の母が男子四人女子四人の子を生み育てながらすぐれた商才があったので、家業は繁昌《はんじょう》した。長男俊次は幼少より江戸に出され、寛永四年（一六二七）には本町四丁目に小間物店を開いた。

戦国の世が終わって元和偃武《えんぶ》から十年、徳川幕府のおかれた寛永初年の江戸は、諸国から大名、武士、町人があつまり、隆盛にむかっていた。伊勢商人も江戸へ進出する者が多く、江戸で多いものは「伊勢屋、稲荷《いなり》に犬の糞」と揶揄《やゆ》されるほどになり、江戸店をもつ伊勢商人の大半が呉服商と両替商で、やがて呉服を扱うようになった俊次の店は暖簾《のれん》の紋所から「釘抜《くぎぬき》三井」と世間から呼ばれて繁昌した。

高利も十四歳になると母の命をうけて江戸に出て、すぐ上の兄重俊《しげとし》とともに長兄店で働き、商売を覚えた。そして寛永十六年（一六三九）、郷里の母が老いたので兄の重俊が松坂に帰り、長兄は仕入れの京都店に移ったので、高利が十八歳で江戸店をまかされた。彼は母親ゆずりの商才の天分があり、その上人一倍の努力家であったから、兄の店を切りもりして十年間に元金の十数倍の銀千五百貫目を稼いだ。

さらに利殖の道にたけてみずからも利殖をおこなって大金を貯め、二十八歳のとき本町二丁目に金八百両で屋敷を購入し、江戸店をもつ計画を立てた。しかし、

「お前が自身の江戸店をもつことなど、断じて許さぬ」

と、長兄俊次が強硬かつ執拗《しつよう》に反対した。末弟の高利が独立しておのれの競争相手になることを恐れたのである。それほど高利には飛びぬけた商才があった。

ちょうどそのころ母の面倒をみていた兄の重俊が病死したので、高利は長兄の命で帰郷せざるをえず、江戸店もちを断念するほかはなかった。

松坂に帰った二十八歳の高利は、老母を助けて家業に専念し、その年秋、十四歳年下のおかねと結婚した。おかね、十四歳の若さである。

神仏への信仰心のあつい老母は、老いたりといえども朝七ツ（午前四時）には起きて水を浴びて神仏に祈り、万事につけて節約し、細かなことまでよく気づく女性であった。寺参りのときなど、道に古わらじや古縄などが落ちていると、供の下女にひ

ろわせ、近くの知人にすさわら（壁土をこねるときに入れるわら）にするようにとおいていったりした。また、女の髷《まげ》の元結《もとゆい》の切れ端を捨てずに観世縒《かんぜより》にして使ったり、擂鉢《すりばち》の底のぬけたものを樋《とい》の受け筒にしたり、水柄杓《みずびしゃく》の底のぬけたものを煎茶壺の尻敷にするといったぐあいで、物を捨てることを一切しない人であった。その廃物利用と節約ぶりは徹底していて、若い嫁のおかねにとっては、細かすぎてまことにきびしくこむずかしい姑《しゅうとめ》であった。

しかし、おかねはよくこれに従ったばかりか、みずからも節約に努め、十男五女もの子を生み育てながら、商売についても夫のよき相談相手となり、子供たちをきびしくしつけ、店の者の面倒をよくみて、やさしくいったものである。

「お客さまの区別をしてはいけません。身分や地位などで人をわけへだてしてはなりませんよ。とくにお年寄りや子供がお使いにきたら、茶を出すなり菓子を出すなりして大事にしてあげなさい」

また、おかねは義母をしのぐほどに、女性として商売のすぐれた感覚をもっていた。

このよき伴侶をえて、高利は兄のいいなりになって安閑《あんかん》としていたわけではなかった。まず帰国に際しては、江戸店をまかす男として、裏店《うらだな》の飯炊き男であった庄兵衛《しょうべえ》という男の商才をみぬいて長兄に推薦して手代頭《てだいがしら》にしていたが、長男高平《たかひら》が十五歳になると江戸店へやって商売を見習わせ、次男高富《たかとみ》も翌年には同様にし、さらに三男も江戸の長兄店へ送り込んだ。

一方、松坂店での高利は米を売買しながら、金融業を商いの中心とした。大名に対する無担保貸付けの大名貸し、大名の家臣に対する小口の家中貸し、農村に対する抵当貸付けの郷貸しあるいは在貸しである。また、近親者から小口の出資をあつめてわけ貸しも組織した。さらに、当座貸越勘定を取扱ったり、松坂・江戸間の為替《かわせ》取組みも近親者へおこなったりした。

後に三井家では、家憲のなかで危険性の高い大名貸しを禁止したが、当時、利殖について高利は楽天的な見方をしていた。

——十貫目の銀子《ぎんす》、月壱分弐《つきいちぶに》に廻《まわ》し、丸五年一倍に廻り候《そうろう》。五十年廻し候へば、壱万貫目余に成り候。然《しか》る上は少々の銀子にても、むだ遣《づか》ひ致し申す間敷《まじ》く候。(『商売記』)

月一分二厘の利率なら丸五年で二倍になり、五十年で一千倍になる。だから、少しの無駄もないように、というのである。

高利はいっそう利殖に努め、断念した江戸店もちの好機をねばり強く二十四年間も待ちつづけていたのである。

その間に江戸の長兄店に働く長男の高平は一人前の商人となって、寛文十年（一六七〇）には呼び名を八郎右衛門《はちろえもん》と称していた。また高利は腹心の使用人を京都の長兄店へ送り込み、仕入れの実際を見習わせるなど、実子と奉公人の教育もおこたりなく進めてきた。

そして、寛文十三年のこの年、高利は正月に帰国した高平と相談して江戸店開店を決意し、その準備にとりかかろうとした矢先、京都の店に居住する長兄の突然の病死の報せが入ったのである。

――これで何の気がねもなく、年来の夢が叶う。

くりかえし自分にいいきかせつつ、高利はしかし、兄を失った悲しみが腹の底から突き上げてきて、廊下に立ち止まった。

終始、頭を抑えつけ、口うるさく吝嗇家《りんしょくか》の兄ではあったが、若かった高利に商売を教え、江戸店をまかせてくれた恩をいまさらながらに感じて、こみあげる涙をおさえきれなかった。そして、居間に入ったとき、妻のおかねへ涙声で兄の死を告げるのがやっとであった。

「おかね、京の兄さんが……」

二

長兄俊次の葬儀がすむとすぐに、八郎兵衛高利は長男の高平に命じて江戸本町一丁目に店を借りうけさせた。間口わずか九尺の小さな店である。

当時、江戸の商店街の中心は、常盤《ときわ》橋御門から大伝馬町に通じる本町通りで、本町一丁目、二丁目、三丁目、四丁目に数十軒もの呉服店が軒をならべ、間口二十間にもおよぶ大店《おおだな》も多かった。その中にあって間口九尺とは、いかにも貧弱な小店《こみせ》で、しかも借家である。これには高利の考えがあった。

「まず開店は、ひっそりと小さな借店《かりだな》がええのや。派手に店を出しては、なにかと余計な出費があるだけではない。同業の者から新参者のくせにと顰蹙《ひんしゅく》を買うばかりか警戒される。頭《ず》を低うして、お仲間にくわわるのがええのや」

高平にそう告げ、また妻のおかねにも話した。二十四年も前だが、十年間江戸に居住して江戸店をまかされていたので、本町通りの大店の呉服店の気性を知りつくしていたのである。

「それがよろしゅうございますね」

おかねはにこりとしたが、

「旦那さまには、別のお考えもおありとちがいますか」

と、夫の胸中を汲みとるようなまなざしになった。

「お前にわかるか？」

「さあ、何でございましょう。わたしには一向に……」

わからないというが、勘のよい女である。

「実はな、私にはこれまで通りの習慣《しきたり》の商いをする気はない。何ぞ新しい商いの方法をと思案中だが、思いきったことがしたい」

と高利が話すと、

「それならばなおさら、旦那さまは松坂にいて、決して江戸店へは行かぬほうがよろしゅうございましょう」

といった。

「どうしてや？」

「思いきったことをなされば、江戸の大店の皆さんがきつう文句をいうてきますやろ。店を若い者にまかして、旦那さんがいなければ、店をまかされた者は、旦那さんのせいにして言い訳が立ちますのとちがいますか」

「なるほど、そういうもんやな」

高利は感じ入っていまさらながらに妻の顔をまじまじと見たが、ほとんどの呉服店が「江戸店もち京商人」で、主人は京都の仕入店に腰をすえていたから、高利も江戸へ行く気はなかった。八月には京都に上り、長男の高平も江戸から上京させ、室町薬師町に間口八尺の仕舞家《しもたや》を見つけてここを借りうけ、仕入れの店を開いた。

当時、江戸には織物などの機業がなく、もっぱら京の西陣がその中心地であったから、呉服物の仕入れはすべて京でおこなわれ、一大消費地となった江戸で売るという商売をする大きな商店の主人は、京都の本店から采配を揮《ふる》っていたのである。

高利は京都に仕入店を開店すると同時に、おかねの忠告をいれて、江戸の借店も長男高平の「越後屋八郎右衛門」の暖簾をかかげさせて呉服商をはじめた。長兄の死から四十九日もたたぬうちの素早い開店である。

そして、八郎兵衛高利自身は松坂にいて金融業をつづけながら、京都の仕入店は高平に、江戸店のほうは次男の高富にまかせて両店を指図し、松坂と京都を足しげく往復した。

開店当時の江戸店は、次男高富、三男高治《たかはる》と徳右衛門《とくえもん》ら手代五、六人、子供（丁稚《でっち》）二人、裏店男《うらだなおとこ》一人。また京都の仕入店は、長男高平、四男高伴《たかとも》、手代吉右衛門《きちえもん》、撰糸買《せんしがい》喜右衛門《きえもん》、その他手代一人、子供二人、裏店男一人で、いずれも二十代の伜《せがれ》たちを主人とした、使用人十人たらずの小さな店である。

開店当初、京都店で仕入れて江戸店に送られた銀五十貫目分ほどの商品では、間口九尺の小さな店の簞笥《たんす》や巻物立をさえ充たすにはたりないほど貧弱な品揃えであった。もっとも、このころの呉服店の商い方法は、手代が得意先をまわって注文をさいてあとで好みの品を持参する〈見世物商い《みせものあきない》〉と、呉服物を得意先に持参して売る〈屋敷売り〉がひろくおこなわれていた。そして、決済は六月と十二月の〈二節季払い《にせっきばらい》〉か、十二月末一度の〈極月払い《ごくげつばらい》〉による掛売り《かけうり》が慣例であった。

越後屋もその商い方法で売上高の目標を半年間で四十貫目において商いをはじめたが、多くの老舗《しにせ》が建ち並ぶ本町通りの呉服店の中にあって、武家屋敷の顧客などほとんどない駆け出しの新店《しんみせ》であったから、目標の商い高達成は困難に思えた。

――どうしたものか。

新しい商いの方法をとりたいが、その意欲ばかりで方途が容易に見つからない。

松坂の店にいて高利は、これまでの呉服商の商い方法を一から考えなおしてみた。

一流の呉服店では、大名や武家や商家を顧客とする商いで、すでに触れたように、あらかじめ顧客の注文をきいてその品をとどける〈見世物商い〉と反物を先方へ持参して売る〈屋敷売り〉で、支払いは年二回の〈二節季払い〉か年一回の〈極月払い〉

による掛売りであったから、資金を長期間ねかすことになり、万一お客に不実でもあれば大きな損をこうむったので、商品の価格は掛値をつけて割高にしなければならない。と同時に、莫大な資金を必要とした。しかし、売り手も客もそういうものだと決めているから、高値で当り前として矛盾を感じず、また、大店の呉服店は資金が潤沢になければできないものとなっていた。

——これはおかしい、けったいや。

高利は、これまで誰ひとり疑わなかった商慣習に疑問をもった。疑ってみれば、売り手にも買い手にも不利益な商慣習である。

「おかね、お前なら呉服をどのように買いたい？」

高利は妻に訊ねてみた。

「場末の小店で、その場で選んで安う買います。でも、なかなかよい品揃えがなくて困ります」

松坂にかぎらず江戸でも場末の小さな呉服店では店先にわずかな呉服を飾って現金で安く売る〈店前売《たなさき》り〉をし、反物の切売りなどもしていたのである。しかし、本町通りのような一流の呉服店では、そのような零細な商いは商人の面目にかかわるとして、どの店もおこなおうとはしなかったのだ。

「本町通りのうちの江戸店で〈店前売り〉をしたら、どないなことになりますやろな」

高利はそう独り言のようにいい、妻と顔を見合わせてニヤリとした。

そんなことをしたら、老舗の呉服店からいっせいに嫌われるのは目に見えている。が、驚きあわてる商人どもの顔を思うと、高利はたいそうおかしかった。

「伜どもを矢面《やおもて》に立てて、これは大きな賭けやな。いかなる反感を買おうとも、やりぬく価値大なる新商法や」

そのころ、開店半年をへて次第に得意先も開拓され、越後屋の売上高は当初目標の四十貫の倍、八十貫目に増加していたが、高利は〈店前売り〉を実施する前に、第一の新商法として〈諸国商人《しょこくあきんど》売り〉をはじめることにした。

「諸国の呉服商人に卸《おろし》をしたらどうやろ」

他の店では一般の客と取引するものと決めてかかっていて、いまだ試みられていない商法である。商人を相手とする取引だと、利潤が薄くなるかわりに取引量がふえて、商品を速やかに処分できて在庫をへらすことができる。

高利は伜たちによく言いきかせて、まず〈諸国商人売り〉という新商法でこれまで長いあいだつづいていた商慣習の常識を破った。この商法は越後屋に大きな利益をもたらし、開店の翌年には、売上高二百六、七十貫目となり、長兄亡きあとの釘抜三井店の売上げをしのぐ勢いであった。

そこで高利は、本町通りの呉服店ではじめて、店に呉服を陳列して現金で安く売る〈店前売り〉に挑んだ。

資金と商品の回転が早いから、薄利でも利益額は大きい。同時に、本町通り呉服店の古めかしい面目などからりと捨てて、反物の切売りもした。通りがかりの江戸庶民を客とした現金商いである。そして、大名や武家や大店の商家へは〈見世物商い〉と〈屋敷売り〉を残すという柔軟さも忘れなかった。

店先に客を迎えたから経費の節約もでき、現金売りなので資金の回転が早い。仕入れ先への支払いは従来通り二節季払いだから、資金は数倍にも活用できた。

一方、ますます繁栄する江戸の町で、江戸っ子の新しい趣向を先どりした商品を品揃えして店頭を賑わさねばならないから、見込み仕入れにいっそうの苦心をするのが、これまた楽しい。

客にとっては、安い値段で好みの品が自由に選択できるので、越後屋八郎右衛門店は、小店ながら連日客がおしかける盛況ぶりであった。

客好みの商品を安価に提供して利益をあげるという、天下の理法にかなう三井八郎兵衛高利の経営理念が、新しい経済の担い手として急速に成長してきた新時代の江戸町人の要望に合致したのである。

それを商いの正道だと考える高利は、『商売記』におよそ次のようにしている。

――呉服物は、ほかの売物とは違い、色品《いろしな》多く高下《こうげ》があり、掛け値が多いから、素人衆には損をしないで買うことがむずかしい。越後屋では値段も品物も安心だから、田舎者でも女童《おんなわらべ》でも盲人でも買いにこられる。現金空値《そらね》なしの商売をはじめたので、天下の皆さまが買物で値ぎらずにすみ、安心して得心して買うことができる。これ商売の第一の秘訣なり。

そして高利は店規も細々《こまごま》と定めた。その幾つかを挙げると次のようである。

一、公儀の御法度《ごはっと》類を厳守すること。

一、諸勝負事は一銭たりともしてはならない。

一、手代共で油断なく出精《しゅっせい》する者は、半年ずつ報告し、それが一両年も続いた者には褒美をとらせる。

一、手代共が勝手に親類や知人に無断で掛売りをしてはならない。相談の上で一同が納得すれば別である。

一、手代共が自分で金銭を一銭でも所有することは必要のないことである。主人に預けよ。店で預って利子をつけておく。もし自身で所有する者あれば、私欲と同じことなので早速ひまを出す。

一、衣類は木綿着物・木綿帯の外は着てはならない。

一、手代共は、ほまち商い（内密の商売）を決してしてはいけない。

一、手代や子供（丁稚）共は、博打《ばくち》や遊女遊びを少しでもしてはいけない。もしそのために大きな商売ができなくても、絶対にいけない。

一、手代共は毎月一日、十五日、廿八日の三回、夜に商売上の反省や相談を必ず行うこと。

一、商売のことに万事熱心な者は、新参古参によらず抜擢する。

こうして売上高を飛躍的に増大させた越後屋は、開店から三年目の延宝《えんぽう》四年（一六七六）、本町二丁目にも間口九尺の第二の店を構えた。また京都では屋敷地を求めて仕入店を移した。そして、棚一間で千貫目の商いを目指した。高利五十五歳の年である。

さらに翌年には江戸店を拡張し、暖簾の紋を「丸に井《い》筒《づつ》三」とした。長男高平が婚儀をしたのもこの年である。

しかし、越後屋の新商法と繁昌は、予想以上に本町通り呉服店のすさまじい反感を買い、さまざまな妨害をうけることになった。

三

越後屋の〈店前売り《たなさき》〉に反感をもった本町通りの呉服店は、越後屋は資本《もとで》がないので店の面目などかえりみない苦肉の策をとるのだと、まず信用を疑い、その噂を流した。そして越後屋の成功を嫉妬《しっと》して反感をつのらせた。

本町通りには松屋、亀屋、松坂屋、伊豆蔵、万屋、白木屋といった大店の呉服店が並んでいたが、越後屋を呉服商仲間からはずす策動の先頭に立ったのが、松屋であった。松屋は越前松平家の御用達《ごようたし》で、松平家へ呉服物をおさめていたが、縮緬《ちりめん》などの反物が高値であったことから係の武士が越後屋にきて調べてきわめて廉価《れんか》であることに驚き、さっそく残らず買取ったことに松屋が立腹し、寄合《よりあい》の席で越後屋高富を面罵《めんば》したばかりか、本町だけでなく石町《こくちょう》の呉服商にもはかって、呉服商仲間のすべてが越後屋との取引を中止してしまった。

その報せが松坂に届いたとき、覚悟していた高利はいったものである。

「狼狽《うろた》えることはない。辛かろうが、高富ら江戸店の者の辛抱のしどころや。お顧客《きゃく》さまによいことをしておるのやさかい、商人《あきんど》として胸を張っておったらええ」

そのように江戸店へ励ましの書状を出した。江戸の同業者との取引は中絶しても、京都の諸商人からの仕入れは順調であったから、破綻をきたすことはなかった。すると、江戸の呉服店が申し合わせて京都の商人へ妨害の手をまわしたが、京商人がこれに応じなかったので、仕入れに困難は生じなかった。

当てのはずれた呉服店どもは、次なる卑劣な策に出た。越後屋の手代たちへ裏で手をまわしてこうささやいたのだ。

「うちへ来なされ。給金は望み通り、また必ず暖簾分けをしてあげましょう」

いずれ潰《つぶ》れる越後屋にいては商人としてお先まっ暗だと、大店の呉服店が有利な条件を出し、半ば脅しの風情で、巧みに誘ったのである。

手代たちの中には動揺する者がないではなかった。しかし、江戸店をあずかる次男の高富が父親ゆずりの剛毅《ごうき》な性分である上に母親ゆずりの万事に心遣いできる男で、手代たちから信頼があったし、手代頭で支配人の七左衛門《しちざえもん》が江戸者ながら苦労人ですぐれた人物であったので、手代たちが他店の誘いと脅しに乗ることはなく、かえっていっそう結束した。支配人の七左衛門はこの功で、翌年、高利の長女と結婚して三井家の婿《むこ》となるほどの男であった。

手代たちの切り崩しができぬとわかると、本町・石町の呉服店どもは、江戸町奉行所へ訴えをおこした。

——近ごろ、越後屋八郎右衛門なる者が本町通りで呉服商をはじめましたが、さまざまな古物を染めなおして粗悪な品を新品にみせかけ、低廉な値をふして商売し、江戸市中の御屋敷方をお得意にしております。かような誠に無法な商いによって、江戸市中の呉服商が商売の邪魔をされて大いに迷惑をこうむっております。きびしくご吟味の上、ご公儀のお裁きを願い上げる次第でございます。

本町石町　呉服商仲間一同

幸い奉行所はこの訴えをとりあげることはなかったが、古物染めなおしの悪質な流言は庶民の口から口につたわったので、大いに迷惑し、いっそうよい品を廉価で提供することで流言の打ち消しをはかるほかはなかった。

高利は身の潔白を証《あか》す気持もあって、五十九歳を迎えた延宝八年（一六八〇）正月、剃髪《ていはつ》して宗寿《そうじゅ》と号した。その春、次男高富も嫁を迎えた。

奉行所が訴えをいっこうにとりあげないと知ると、呉服屋どもの妨害はさらに悪辣《あくらつ》なものとなった。

家主を抱きこんで越後屋の台所先に惣雪隠《そうせっちん》（共同便所）をつくり、台所のほうへ汚物を流すようにしたのである。炊事中も食事中も汚いやら臭いやらで、店の者一同おおいに閉口し、とても耐えられるものではない。しかし、移転しようにも買い求め借りうけようとする先々も手をまわされて妨害され、いかんともしがたい。

「なんというこっちゃ。こりゃ文字通り雪隠詰めや」

入道頭に手をやって高利は苦笑したが、江戸店の高富はじめ店の者一同の食事ものどを通らぬ困惑ぶりを思えば笑いごとではない。高利にも打つ手がなく、入道頭をかかえたが、

「隣町の両替商の多い駿河町《するがちょう》でよいから、内密に売り屋敷を捜すように」

と高富に書状を送り、自分も親戚知人に手をまわした結果、駿河町に売り屋敷を取得することができた。

折りしもその年、天和《てんな》二年（一六八二）の暮れもおしつまった十二月二十八日の昼、駒込の大円寺から出火、折りからの強い西風にあおられて火は本郷、上野、神田、本町、駿河町、日本橋を襲い、隅田川を越えて本所、深川まで延焼し、夜になってようやく鎮火した。焼失家屋は大名屋敷七十五、旗本屋敷百六十六、寺社九十五、町屋五万二千余、焼死者三千五百人におよんだ。世にいう八百屋お七の「お七火事」である。

ついでながら、この大火の原因はお七の仕業ではないというのが大方の説。だが、

翌年三月二日、新築のわが家にまでも火を放ったとされて、三月二十八日、お七は江戸市中を引廻しのうえ鈴ヶ森の刑場で火あぶりの刑に処せられた。

十二月の大火で本町通りもすべて類焼し、越後屋呉服店も一丁目と二丁目の両店を焼失した。むろん他の大店呉服店もみな丸焼けとなり、あたかも越後屋へ意地悪をしたその報いのようであった。

年が明けると、越後屋では火災直後の混乱にまぎれて、すでに取得していた駿河町の焼け跡ににわかに普請をおこなった。間口七間余、奥行二十間の堂々とした大店である。そして、その年天和三年（一六八三）、本町通りのどの呉服店もまだ普請中の五月、駿河町越後屋店を開店した。

間口七間余のうち三間ほどは両替店で、奥には土蔵を備え、両替業にも手をひろげたが、この駿河町越後屋呉服店の開店と同時に新商法を堂々と打ち出した。

三井八郎兵衛高利、六十二歳のことである。

四

駿河町越後屋八郎右衛門申上げ候《そろ》。今度《このたび》私工夫《くふう》を以《も》て、呉服物なに不レ依《よらず》、格別下《げ》値《じき》に売出し申し候間《そうろうあいだ》、私店《わたくしだな》ヱ御《お》出御《いでお》買可レ被レ下候《かいくださるべくそろ》。何方様《いずかたさま》ヱも為レ持遣《もたせつかわし》候儀《そうろうぎ》ハ不レ在候《つかまつらずそろ》。もっとも手前割合勘定を以《も》て売出し候上は、一銭にても空値《そらね》不ニ申上《もうしあげず》一候間、御値ぎり被レ遊候《あそばされそうろう》ても、負《まけ》ハ無ニ御座一候《ござなくそろ》。勿論代物《だいもつ》は、即座に御払《おはら》ひ可レ被レ下候《くださるべくそろ》。一銭にても延金《のべがね》には不レ仕候《つかまつらずそろ》。

呉服物現銀　　駿河町二丁目
安売掛値無　　越後屋八郎右衛門

右の口上を紙に刷った引札《ひきふだ》を開店の前日から江戸市中へ大量に配ったのである。引札とは今日でいうチラシ、ビラのことで、駿河町越後屋呉服店開店のこの引札は、わが国の広告戦略《アドバタイジング》史上、最初の引札《チラシ》である。

三井八郎兵衛高利は、京都と松坂にあってこの文案をねりにねってつくり、〈現銀《げんぎん》安売り掛値《かけね》なし〉の惹句《キャッチフレーズ》をふし、「私店《わたくしだな》では呉服物すべて格別の安値で売出しますので、私店へおいで下さい」と案内し、「一銭の掛値なしの当店勘定の廉価であるから、ねぎられてもまけはせず、お代は商品と引きかえにその場でお支払い下さるよう。一銭にても掛売りは致しません」と強気な文章である。

すでに広告手段として看板や暖簾や商標は当り前であったが、高利はこれまで誰ひとり考えもしなければ実行もしなかった引札という宣伝戦略に出たのである。

瓦版《かわらばん》は大坂夏の陣での落城を報じたのが最初といわれるが、高利の脳裏にはまず一般大衆が読むようになっていた瓦版が浮かび、次に、当時ようやく刊本の末尾や刊記に続編や近刊の予告が入るようになっていたことがヒントとなって、自店の新装開店を一般消費者《コンシューマー》へ広く知らせる引札を配ることを発案し、文案をねり、次男高富に指示して長男八郎右衛門の名で実行させたのである。

しかも、その引札文は、越後屋の経営戦略と新商法を端的に力強く表現して、余計な文飾をせず、業界の因襲的商慣習をくつがえす革新的な内容であった。

これを手にして読んだ江戸大火後の江戸っ子は、本町通りの越後屋が他の呉服店から卑劣な妨害をうけていたのを知っていたから、老いも若きも男も女もいっそう喝采《かっさい》し、駿河町へとわれもわれもとおしかけた。

江戸っ子たちが宣伝文の引札を手にきてみれば、間口七間余の瓦葺《かわらぶ》き白壁づくりの、木の香も新しい二階建て、派手やかに越後屋呉服店と三井両替店の幟《のぼり》が幾旒《いくりゅう》も五月の夏風にひるがえり、㊂商標と〈ゐちごや〉と染め抜いた暖簾と幔幕《まんまく》をかけめぐらし、掃き清め打ち水した店前に丁稚が愛想よく出迎えている。暖簾をくぐれば、格《ごう》天井《てんじょう》の百数十畳敷ものひろびろとした座敷の店内には、目もあやに各種の呉服物が陳列され、まず可愛げな丁稚が茶を汲み菓子を供し、手代どもが接客にあたる。しかも、商品にはすべて安価な値をしるした〈正札〉がついているのだ。今日でこそ正札販売は小売業の常識だが、越後屋呉服店をもって嚆矢《こうし》となす、〈現銀安売り掛値なし〉の正札販売である。

改革はそれのみではなかった。開店当初の陣容は、主人の次男高富を三男高治と婿となった七左衛門が補佐し、新支配人脇田藤右衛門以下総勢二十六人の手代と丁稚などであったが、手代は〈一人一色《ひといろ》〉の役目をもっていた。手代一人一人が専門の分野をもち、たとえば金襴《きんらん》類は誰、羽二重《はぶたえ》類は誰、麻袴《あさばかま》類は誰というように、呉服の種類に応じてそれぞれに専門家《エキスパート》を担当者において、接客にあたったのである。

また、反物の切売り、小切《こぎれ》販売だけでなく、即座に仕立てて売る奉仕《サービス》も相次いで実施した。店の奥に裁縫の巧みな仕立人数十人を待機させて、瞬く間に仕立てたのである。これは世間を驚かせ、すこぶる好評を博した。

疋《ひき》・反《たん》で商うものとされていた呉服の小切販売は、米や酒、味噌を量り売りするのと同様で、おかねの発案でもあったが、即座の呉服仕立てもまた彼女の女性ならではの発想から出て実施されたのである。

其角《きかく》は、越後屋の繁栄ぶりを次の句にした。

越後屋のきぬさく音や衣更《ころもがえ》

西鶴も開店五年後の貞享《じょうきょう》五年（一六八八）一月に刊行された『日本永代蔵』に、その繁昌ぶりを次のようにしるした。

「三井九郎右衛門（八郎右衛門のこと）といふ男、手金《てがね》の光、むかし小判の駿河町《するがちょう》と云《いう》所に、面《おもて》九間に四十間に、棟《むね》高く長屋作りして、新棚《しんたな》を出《いだ》し、萬現銀売《よろずげんぎんうり》に、かけねなしと相定《あいさだ》め、四十余人、利發《りはつ》手代を追《おい》まはし、一人一色《ひといろ》の役目。たとへば、金襴類一人。日野《ひの》・郡内絹《ぐんないぎぬ》類一人。羽二重《はぶたえ》一人、沙綾《さや》類一人。紅《もみ》類一人、麻袴類一人、毛織類一人。此《この》ごとく手わけをして、天鵞兎《びろうど》一寸四方、段子《どんす》毛貫袋《けぬきぶくろ》になる程。緋繻子《ひじゅす》鑓印長《やりじるしだけ》。龍門《りゅうもん》の袖覆輪《そでふくりん》かた〱にても、物の自由に売渡しぬ。殊更《ことさら》、俄《にわ》か目《め》見《みえ》の熨斗目《のしめ》・いそぎの羽織などは、其使《そのつかい》をまたせ、数《す》十人の手《て》前細工《まえざいく》人立《たち》ならび、即座に仕立《したて》、これを渡しぬ。さによって家《いえ》栄へ、毎日金子《きんす》百五十両づゝ、ならしに商売しけるとなり。世《よ》の重宝《ちょうほう》是《これ》ぞかし。此《この》亭主を見るに、目鼻手足あって、外《ほか》の人にかはった所もなく、家職《かしょく》にかはってかしこし。大商人の手本なるべし」

「此亭主を見るに、目鼻手足あって、外の人にかはった所もなく」とは、常人でもかくのごとく革新的な新商法ができるのだと、旧弊な商人への皮肉をこめて、言いえて妙である。

西鶴がしるした一日に百五十両の売上げが正しいとすると、半年間に二万七千両、一ヵ年間に五万四千両となり、金一両を銀六十匁替《がえ》として、銀三千二百四十貫の売上高となる。越後屋の帳簿にしるされた売上高をみると、駿河町越後屋が開店した天和三年の上半期は半年間に銀総売上高は六百七十貫余、その内訳は店前売りが銀四百八十貫に対して、屋敷売りは銀百十三貫となり、店前売りが大成功したことがわかる。そして、その後、売上高は年々上昇したから、好景気の元禄年間に五万両はおろか十万両を超え、正徳年間には二十万両以上となり、バブルがはじける前年の享保三年（一七一八）には、二十六万二千四百八十二両にも達する。そして、享保の不景気で半減を余儀なくされるが、景気が回復する元文、寛保年間にはふたたび二十万両台の売上げを確保するのである。

ところで、駿河町に引き移ってからの越後屋の繁昌ぶりにいっそういきり立った呉服商仲間は、ひそかに浪人をかきあつめて夜中に店へ石火矢をしかけ、店の手代どもを焼き殺すなどと脅しの文句を書きつらねた紙片を送りつけ、さらに町内焼き打ちの脅しまでした。これには手代どももおびえ、近所の町民たちも恐怖したが、脅しだけで不都合な事件はおこらなかったので、やがて一同は安心した。そして、その他の妨害もやむことになるのだが、町奉行所へおこした訴えがとりさげられて最終的に決着をみるのは、越後屋が幕府の御用達を命じられる貞享四年（一六八七）をまたねばならなかった。

そして、元禄期を通じて他の呉服店も〈現銀店前売り〉の商法をとり入れるようになるのである。

世は「生類憐《しょうるいあわれ》みの令」が出た五代将軍徳川綱吉の時代である。そして元禄期の町人社会は、幕府の放漫な財政政策で非常に活況を呈し、町人のふところに金銀が白然と流れ込み、紀伊国屋文左衛門など俄《にわか》成金の商人も続出して、遊郭は繁昌した。そして、当時の商人の理想は、若いときは勤労と蓄財に努めて老後は遊楽を求めることであった。

しかし、三井八郎兵衛高利は違っていた。高利は遊興をつつしみ、「商売の工面を楽しみの第一」とし、「勤めを苦労と心得ては、おびただしき間違へに候」といった。町人は健康と長寿をえて富貴繁昌することこそ、彼の最善の理想であった。後に三井の「使用人心得」の中で「富貴は天のあたふる処に非ず、勤行の後天のあたへあるべし」と説かれている。

高利は元禄七年（一六九四）五月六日、病をえて没した。七十三歳であった。

その年十月、芭蕉が大坂で客死し、前年八月には西鶴また没して、元禄文化の二つの巨星が相次いで失われたとほぼ同じ時期の、大商人の死であった。

妻おかねも夫の没後二年、後を追うように亡くなるが、初代高利の死後、三井越後屋は高平、高富ら兄弟の集団経営体制となってますます繁昌し、後の三井財閥へと発展する。また駿河町越後屋呉服店は今日の三越デパートの前身である。

獄死した政商——廻船業　銭屋五兵衛

一

——人生、これでよいのか……。

銭屋五兵衛《ぜにやごへえ》は迷っていた。

加賀百万石の城下町金沢の外港、宮腰《みやのこし》の味噌屋町に店をかまえて十二年、父のあとをついで質屋と古着・呉服商をいとなみ、町方の役職もつとめ、身を粉《こ》にして働いてきてそれなりの儲《もう》けはあるものの、これでよいのかと思う。年が明ければ三十九歳。最初の妻にはすぐに死なれ、後妻にも長女の出産二年後にやはり病《やまい》で先立たれ、みたび迎えた妻のおまさとの間に生まれた長男喜太郎《きたろう》はようやく二歳である。働きづめで、ちかごろ躰《からだ》の芯から抜けきらぬ疲れを感じるのは歳《とし》のせいか。その上、隠居の父は病床にある。

その父の弥吉郎《やきちろう》がいった。

「お前まで病気になったら、かわりをする者がおらぬ。目利《めき》きでないとつとまらぬ商売だから、無理をせず商いの間口をせばめて、古着・呉服商のほうは店仕舞《じま》いしてはどうであろうのう、五兵衛」

「ご忠告、かたじけのう存じます。されど、お得意さまも多く、上方はじめ諸方に取引先もございます」

五兵衛はそう答えたものの、よくよく考えてみれば、よほどの大店《おおだな》か藩の御用商人であれば儲けも大きいが、そうでなければ、利益のあがる商いを求め、機をみて商売がえをするのが賢い商人のやり方ではあるまいか。

——四十を前に、いまがその機会かもしれぬ。孔子は『論語』でいっているではないか。

「われ十有五《じゅうゆうご》にして学に志す。三十にして立つ。四十にして惑わず。五十にして天命を知る……」と。

人生転機の腹を決めると五兵衛は、古着・呉服商の店仕舞いをし、在庫品を首尾よく売り払って儲けをえた。そして、年が明けた文化八年（一八一一）二月、たまたま質草として預っていた百二十石積みの中古船が期限がきて質流れとなったので、これに手をくわえ、半四郎《はんしろう》という船頭を雇って米を運ばせたところ、思わぬ利益をえた。

——廻船《かいせん》業とはおもしろいものだ。

五兵衛が三十九歳にして質屋をしながら海運に手をそめた最初である。もっとも、以前、父の弥吉郎は商売仲間と共同で船をもったことがあり、五兵衛も海への憧《あこが》れは抱いていたのである。その年六月、父は五兵衛が廻船業をはじめたことをよろこんで死去した。古稀《こき》であった。

翌年、四十歳になった五兵衛は、宮腰の材木問屋職につくよう藩から要請され、はじめたばかりの廻船業を藩の御用で邪魔されたくなかったので固辞したが、受けねば処罰するとまで町奉行にいわれて仕方なく拝命した。その役目は、良材を藩の作事場《さくじば》に納入することと材木販売を公正に管理することなどである。

人生、何が幸いするかわからない。材木の取引と流通を学んだ五兵衛は、その年文化九年（一八一二）中に、材木運搬用の大船を建造して船頭を雇い、わずか足かけ二年の間に四艘《そう》の船持ちとなって、材木海運に乗り出した。

時勢をじっと見つめて決断のあと、五兵衛の行動は実に素早い。

鎖国日本の江戸時代の経済を支えたのは、国内海運の発達による物資流通である。まず、河村瑞賢《ずいけん》による東廻り航路と西廻り航路の開発がある。明暦《めいれき》三年（一六五七）の江戸の大火のとき木曾の材木を買い占めて巨利をえた機敏さをみせた瑞賢は、幕府から奥州の幕領米を江戸に廻漕《かいそう》するよう命じられると、太平洋を南下して江戸湾に入る東廻り航路を開き、出羽国《でわのくに》の庄内米は、日本海を南西に下って下関まわりで瀬戸内海を通り大坂を経て太平洋を江戸にむかう西廻り航路を開発した。

幕藩体制の経済は、年貢米に支えられていたから、各藩の米を天下の台所である大坂あるいは幕府のお膝元の江戸に運ぶ蔵米《くらまい》（年貢米）廻漕が物流の根幹であった。次に材木と塩。そして、蝦夷《えぞ》地との交易が盛んになる江戸後期、銭屋五兵衛の時代、蝦夷地や東北と大坂を日本海の西廻り航路で結んだ北前船《きたまえぶね》が活躍した。蝦夷地で大量にとれる鰯《いわし》や鰊《にしん》の魚肥《ぎょひ》が北前船で大坂に運ばれ、全国に出まわって綿作や桑の肥料とされ、綿や絹に変わった。物流の不思議といっていい。

五兵衛は廻船による物流こそ経済の根幹だと着目し、材木海運を主とした。加賀藩では豪商木谷藤右衛門《きやとうえもん》らが材木御用をつとめて材木海運をしていたが、材木は需要が衰えぬばかりか大火のたびに高騰し、地域によって価格差が大きく、投機的要素のある豪気な商売である。加賀でも金沢城は宝暦《ほうれき》九年（一七五九）の大火のあと、寛政《かんせい》の地震、文化五年（一八〇八）の大火など再三の災害にあい、城普請《しろぶしん》をはじめとして藩内の材木需要はつづき、宮腰の港は材木廻船で活況を呈していた。

廻船業は、船主みずから船頭をつとめて船に乗って商売するか、船主は陸《おか》にいて腕のよい船頭を雇って船と資金をまかすかの二つがある。前者を船持ち船頭あるいは直《じき》乗《の》り船頭、後者の雇われ船頭を沖船頭というが、四十歳にして材木海運に乗り出した五兵衛は、船主として陸にいて商才をふるい、船を沖船頭にまかす廻船業である。船を船頭の善六《ぜんろく》や半四郎らにまかせ指示をあたえて、下北半島の檜山《ひのきやま》から良材を運ばせた。

この時期、蝦夷地では択捉《エトロフ》航路を開いた高田屋嘉兵衛《たかだやかへえ》が船持ち船頭として活躍していたが、国後《クナシリ》沖でロシア船に拿捕《だほ》されてカムチャツカに連行されたのは、五兵衛が四艘の船主となった文化九年（一八一二）の八月である。翌年、日本側に拿捕されていたロシア艦長ゴロヴニンと交換されて、嘉兵衛は帰国する。こうした事件がおきるように、十九世紀初頭の文化・文政年間は、ロシアの南下など外国船が日本近海に頻繁に出没しはじめていた。

廻船業で最も警戒すべきは海難である。五兵衛は海難時は大損もするが儲けの大きい〝買い積み〟を船頭に指示し、一方、海難時に損の少ない〝賃積み〟も巧みに使いわけながら、材木問屋職の役職を利用して材木海運の利益を確実に稼いだ。

こうして文政八年（一八二五）、五十三歳を迎えた五兵衛は、長男喜太郎が十六歳になったので家督をゆずって隠居したが、それは名目だけで、経営の実権はにぎって商売に専念した。

隠居したこの年から、五兵衛は能登や瀬戸内の塩を会津藩に送り、かわりに会津の特産品である蠟燭《ろうそく》を宮腰に運んで金沢で販売する交易もはじめた。毎年二万五千俵の塩を会津へ運ぶと、売上金四千五百両、塩買付け代金二千八百両と運賃等の諸経費九百三十両だから、差し引き八百両ほど儲かる計算で、銭屋の船で運送すればその運賃も入るので、千両以上の収益が上がる。

ところが毎年そうはうまくいかず、天保《てんぽう》四年（一八三三）、六十一歳のとき、およそ千七百両もの大損をした。

――巳《み》年の大損。

と、五兵衛は隠居後に書きはじめた日誌『年々留《ねんねんどめ》』にいまいましげに記した。そして、その理由を手代らの「不埒《ふらち》」や「不勘定」と書きとめたが、要は、藩という旧弊で官僚的な組織がいかに商品流通を阻害しているかを肝に銘じて知ったのである。

――ならば、藩という仕組みを巧みに利用すれば、商売がうまくゆき、莫大な利を独り占めできる……。

五兵衛は、大損をしたことで、還暦を過ぎてこのことを臓腑《ぞうふ》の底で悟った。

この年八月、蝦夷地襟裳《えりも》岬に近い様似《しやまに》でおきた、宝銭丸《ほうせんまる》の破船も大損の一つであった。この船は大坂で千両もかけて建造した千二百石積みの銭屋自慢の北前船である。大金をかけて修理すると、五兵衛はひるむことなく、翌年正月には大坂で競売に付された高田屋嘉兵衛の持船だった神力丸《じんりきまる》千七百石船を購入した。

五兵衛が大損をした天保四年は、大凶作の年でもあった。六月まで梅雨がつづき、七月、八月も天候不順で、各地に洪水がおこり、全国が凶作で、米価は急騰した。以後、凶作は天保七年（一八三六）までつづく。世にいう「天保の飢饉《ききん》」である。年貢米が入らないから、藩はいずこも財政が火の車である。

五兵衛は内心ほくそえんだ。

――凶作と飢饉は、廻船業にとって利益をうる機会であるばかりではない。財政逼《ひっ》迫《ぱく》の藩を助けて政商の基盤をきずく、またとない好機じゃわい。

二

銭屋五兵衛が自分の屋敷に初めて加賀藩の年寄衆《としよりしゅう》の一人、奥村内膳《ないぜん》の訪問をうけたのは、文政十三年（一八三〇）三月、五兵衛五十八歳のときであった。

加賀藩では、「加賀八家《はっか》」といわれる年寄衆が最高職で、五万石の本多家を筆頭に三万三千石の長《ちょう》家、一万七千石の奥村本家と奥村分家などの八家のなかから藩の執政役が選ばれ、月番交替で政務をみた。この下に家老、奉行等の家臣団がいた。

「奥村分家の内膳様が向浜でお弓の稽古《けいこ》のあと、五兵衛の屋敷でご休息を望んでおられる」

知りあいの御塩《おしお》奉行からそう知らせがあったのは、二日前であった。

「ありがたいことじゃ」

それとなく根廻ししていた五兵衛は大いによろこび、長男喜太郎や妻おまさと床の間の掛け軸や食事の献立の吟味、献上品の用意など大忙しで準備をととのえた。十四日の当日、浜風が強くなって弓の稽古を早めにきりあげた奥村内膳は、銭屋を訪れ、贅《ぜい》を尽したもてなしに満足して帰った。

この二日後、御塩蔵の町方払下げの入札結果が発表され、五兵衛が落札し、御蔵七棟と敷地千八百坪の払下げをうけた。この後、蔵を取壊した広大な敷地に豪壮な隠居所を建てた五兵衛は、喜太郎へいったものである。

「贅沢や栄華のためではない。わしらは浮沈のはげしい商売ゆえ、後代にそなえた投資や」

投資といえば、喜太郎にあたえた家訓八ヵ条のなかで、高価な道具類の購入禁止を諭《さと》したが、利益のあがった年にかぎって、後年の経営の助けになる投資として許した。

五兵衛は質屋をしていたから、書画骨董《こっとう》の目利きであり、俳諧《はいかい》や茶道をたしなむ文人肌の商人でもあった。亀巣《きそう》の俳号で、粋な句をつくった。

湯あがりのまゝに向ふや夕桜

柴の戸に羽織かけおく小春かな

商人仲間との句会だけでなく、奥村内膳ら藩の重役らと連句の会や茶会で交わりを深めた。

そして、文政十三年以降、藩の銀札手形の調達銀に他の豪商らとともに五兵衛は応じ、大損をした天保四年にも多額の銀を藩へ納入した。

銀札手形とは、所定の年月までに銀貨引替えを約束した証券のことである。平成の今日では、金融機関の不良債権を政府が公的資金を投入して処理しているが、江戸後期の加賀藩では、藩の発行した赤字債券（銀札手形）を、民間商人からの銀貨調達で賄《まかな》った。

その見返りとして、五兵衛の「銭五船団」は、藩の蔵米《くらまい》の海運と販売に従事するようにもなった。

一方で大損をした天保四年、藩への貢献の褒美として金子《きんす》を下付され、奥村内膳からは御紋付裃《かみしも》を親子で頂戴《ちょうだい》した。こうして五兵衛父子は藩の重役との絆《きずな》を強めつつ政商の道を着実に歩んでいたが、五兵衛は喜太郎へこういった。

「藩の御用商人として大を成すには、決して藩政の内紛にまきこまれてはならぬ」

「お年寄衆と成瀬《なるせ》ご家老らとの対立のことでございましょうか」

「お前はどのように見ておるのだ？」

「むずかしゅうございますな」

喜太郎は首に手をあてて考え込み、

「この飢饉で藩の財政はいっそう悪くなり、凶作と不景気で民《たみ》は苦しむばかり。成瀬ご家老は急進派の若手を登用して改革を唱えておられますが、うまくいきましょうか」

と、五兵衛の意見を求めた。

「改革――のう」

五兵衛はその二文字を口のなかで転がしてみて、

「威勢のよいことをいうは易いが、ますますふえる銀札手形の処理をわしら豪商に頼っている以上、急進派には何もできまい。といって、内膳様にも妙手があるとは思えぬ。銭屋としては、双方に決して敵をつくらず、藩公がこの対立をどのように処理なさるか、冷静に見極めることじゃ」

天保二年（一八三一）以来、奥村内膳が月番年寄中の最年長者として藩主前田斉泰《なりやす》から期待されていたが、老練な家老職の成瀬当職《まさもと》が内膳らの財政再建策を手ぬるいとして、急進改革派の論客寺島蔵人《くらんど》らを登用して年寄衆と反目対立していたのである。

翌年も凶作がつづき財政再建がますます狂ってしまった天保五年（一八三四）、藩主斉泰は、内膳にかわって、前藩主の勘気をこうむって長らく月番を遠慮していた奥村本家の奥村栄実《てるざね》の沈着冷静な指導力に期待して、彼を月番に加えた。こうして復帰した栄実は、成瀬を家老職から解任し、寺島を能登に蟄居《ちっきょ》させ、急進改革派を一掃して藩政改革に乗り出した。

——これからは、内膳様ではなく栄実様が藩政を握る。

五兵衛は確信した。その彼は、領国櫂役調理役《かいやくしらべやく》に任命された。相役とともに領内の渡海船などの査察とその営業権への課税等を調査する役である。翌年、蔵米千石の輸送を依頼されたのは、その運賃銀八百貫が役に対する報酬であったからである。手代の次郎兵衛《じろべえ》と忠三郎《ちゅうざぶろう》にまで藩から褒賞金が贈られたのも、その年であった。

一方、五兵衛は天保元年以降、船頭喜助《きすけ》を支配人として青森に銭屋の支店を開設し、津軽の材木海運にも乗り出し、弘前藩の御用金にも応じていて、天保五年には弘前藩の勘定奉行から、蔵米とひきかえに千両の融通を求められると快くこれに応じ、翌年には、弘前藩の蔵米千石を大坂・兵庫に廻漕して利益をえた。また、南部藩の財政も助けていた。

凶作がつづく天保七年（一八三六）五月、長男喜太郎へ弘前藩から三人扶持《ぶち》の沙汰《さた》があった。藩財政に協力した商人へ扶持米を支給するのは大名の常套《じょうとう》手段だが、二人扶持はわずか米五石四斗ほどだから微々たるものである。しかし、扶持をうることは家臣の末席にくわえられて武士なみの待遇をうけられるので、翌年から向う五ヵ年間、弘前領に廻船する銭屋の船は税を免除される特権をえた。

この年、天候不順で冷夏の七月、米価はますます高騰した。天保四年以来の凶作つづきの、底なしの不況で、人心は鬱屈《うっくつ》し、城下はもとより町や村々に不穏な空気が暗雲のごとく垂《た》れこめていた。

「豪商どもが米を買い占め、米価を釣り上げておるんじゃ！」

そんな噂《うわさ》がささやかれている。

「藩庁ではこの飢饉で穀類の領外持出しを禁じておるのに、銭五の船はひそかに蔵米を領外へ持ち出しているそうじゃ」

「それればかりではないぞ。銭屋の船頭どもは、抜け荷をしてあくどく稼いでおるわい」

「そうじゃ、そうじゃ。そうでなければ、銭五があれほど贅沢な隠居所を建てられるわけがねえ」

「藩のご重役と結託して、大儲けしているのは銭五だよ」

男たちばかりか宮腰の女房どもまでが、五兵衛を悪くいい、この飢饉と不景気のご時勢に、銭屋は御禁制の米の抜け荷をしてあくどく稼いでいると噂しあった。

女たちから疑いと憎しみの目で見られて、外も歩けず、誰よりも心を痛めたのは五兵衛の妻おまさである。豪壮な隠居所は五兵衛が来客の接待と茶会や句会の場として使い、倹約家のおまさはさほどの贅沢をせず、五兵衛とともに味噌屋町の本店の奥で暮らしていたのである。

七月十一日、その日も雨であった。

午《ひる》ちかく、店の外が急にさわがしくなった。雨の中を全身ずぶ濡れの女どもが、手に笊《ざる》や桶や袋をもち、棍棒《こんぼう》や鍬《くわ》などをにぎりしめた男どももまじって、銭屋の本店へ押しかけてきたのである。

「やいやい、銭屋ばかりがいい思いをしやがって、わしらに米を施せ！」

「わしら、打ちつづく飢饉で飢え死にまで出てるってのに、米の値を釣り上げてるのは銭五の旦那《だんな》だ」

「米と銭を施せ！」

「おねげえだ、米をくれろ！」

宮腰の住民ばかりか近在の百姓衆もまじった百人をこえる男女が、口々に喚《わめ》きながら店へ入ってきた。手代や番頭がなだめすかし、あるいは脅して退散させようとするが、群衆はふえるばかりで、いきりたった男どもが大戸や板壁を打ち壊す始末である。

　番頭の一人が奉行所に走り、訴え出たので、役人がきてその日の騒ぎはおさまったが、翌日も翌々日もさらに大勢の群衆が三百人も押しかけてきて、大騒動になった。五兵衛は人びとの前には姿をみせなかったが、役人がきて暴徒の幾人かをひっくくってようやく騒ぎはおさまった。

　月末には米問屋など数軒が打ち壊しにあう事件がおきた。そして八月になると、材木海運を営む室屋《むろや》三郎左衛門《さぶろうざえもん》が、米百五十俵を抜け荷したとされて親子ともども捕えられ、公事場《くじば》の牢に入れられて厳しい吟味をうけた。五兵衛のあとをついで材木問屋職にあった喜太郎は管理不行届きとして叱責《しっせき》され、五兵衛もまた室屋とともに米や野菜を買い占めて領外へ運び出したとの疑いから召喚されたが、申しひらきをして無罪放免となり、九月六日、室屋親子は宮腰の浜で打ち首の刑に処された。

「銭屋はなにひとつ、やましいことはしておらぬ」

　群衆に押しかけられたあと隠居所に移った六十四歳の五兵衛は、声に怒気をふくませていったが、

「銭屋の不人気は回復せんといかん」

そういって、隠居所の建替え工事を大々的に実施した。

「みなが苦しんでいるときに、そのような贅沢をしてはますます憎まれるではございませんか」

おまさが反対したが、五兵衛には考えがあった。

「不況つづきで世の中がまっ暗闇で働き口もないのだから、普請をして皆の衆に職をあたえ、稼いでもらいますのや。こんな暗いご時勢だからこそ、倹約するのではなく、わしら商人が借金をしてでも金子を使い、また事業を拡大し船もふやして、世間を活気づけねばなりません。そのわしを悪くいう者にはいわせておけ。奴らは、文句をいう以外なにひとつできぬ。この大不況の乗りきりは、わしら商人のやりようにかかっておるのじゃ」

五兵衛の隠居所建替えの総工費は銀十貫目で、大工、職人、庭師、土工、人足など千三百人に賃銀を払ったから、今日でいう不況・失業対策であった。そして十月には古米三十俵を、翌年正月にはさらに三十俵を救済米として提供した。また、新造船をふやして、いっそう材木海運に力を入れたので、宮腰の港に不況知らずの活況をもたらした。

天保八年（一八三七）二月、大坂では大塩平八郎《おおしおへいはちろう》の乱がおこり、六月には越後柏崎で国学者の生田万《いくたよろず》が飢饉にあえぐ領民を救うべく、門弟と村役人をひきいて陣屋を襲撃した。

こうした世情騒然とした中、藩政改革に乗り出した奥村栄実は、まず藩士の知行を半減する半知借り上げをはじめ倹約令と各種の徳政令を発する一方、年貢増収策を立て、木谷藤右衛門ら豪商に扶持米をあたえて銀札の不安解消と財政再建の協力を求めた。藤右衛門らは必ずしも協力的ではなかったが、五兵衛はすすんで協力した。

加賀藩の執政の実力者、奥村栄実の屋敷へ出入りが許されたのは、天保十一年（一八四〇）、五兵衛六十八歳のときであった。五兵衛は礼金として銀十貫目を栄実に納入した。

こうして人生の最晩年に、銭屋五兵衛の生涯の絶頂期がくるのである。

三

——金銭の才覚にすぐれて富を蓄えた者を、すべて不正に利益をかすめとる姦商《かんしょう》とみなして蔑視《べっし》すべきではない。

執政奥村栄実は、改革の精神を述べた意見書に、そのように記した。

――多くの豪商らは産業の道の巧者である。むろん庶民の苦しみを顧みない一部の悪徳商人は、厳しく監督し厳罰に処すべきだが、ひとくちに豪商どもを疑わず、富商らが安穏になれるように取り計らえば、おのずから金銀の流通はよくなるはずである。

栄実は、一方で「痛み」を伴う改革を断行しつつ、財政再建の増収策として、藩自身が北前船を所有して蔵米や藩内の特産品を大坂や江戸に運んで利益をうる藩営海運事業に乗り出した。五兵衛がこの積極策を強く進言したのだが、前藩主のときに加賀藩に招かれた経世家の本多利明《ほんだとしあき》や海保青陵《かいほせいりょう》が説いていた藩営商業論の実践である。

海保青陵はいう。

――国を富ますが治国の始まりなり、と。

青陵はまず、藩の財政が年貢米に依存した経済に執着している愚を指摘し、国を富ますとは他国の金銀を吸いとることだと教える。

――国の富とは利の字の事なり。利の字は商人が第一の功者なり。ゆえにこの商人を上手に使えば、国の富むしかけは湧《わ》くごとくになるなり。

彼は武士が商業を賤《いや》しむのをあざ笑い、主従関係も結局は一種の商取引にすぎないとまで極論した。

——胸のすくようなことをいう。

五兵衛は内心ニヤリとした。

藩と商人との関係も一種の商取引である。そして、藩政改革は商人の協力なくしてはできず、赤字財政を克服して不況を乗りきるには、藩士の知行半減や倹約令などの消極策ではなく、藩営商業に積極的に乗り出し、大いに儲けて藩収入をふやすことである。

——それに、商人のわしが協力する。

天保十四年（一八四三）正月、加賀藩が藩営海運業に乗り出した最初の御手船《おてぶね》は、五兵衛が大坂で新造した常安丸《じょうあんまる》千石船があてられた。これを藩が買上げて銭屋に預け、銭屋が運航して藩の利益をあげるのである。

常安丸の造船代金は船体が千五百両、船道具が五百両、計二千両。その半額は調達金を募集して十ヵ年賦で返済、残り半額は銭屋に対する藩の債務とし、返済は運賃出目《でめ》によるから、蔵米を運んだ運賃から諸経費を差し引いた利益で充当する。一航海で約百二十両の粗収入となるので、年に四航海すれば四百八十両で、三百両以上の利益が確保できる。うち百両を調達金の年賦返済にあて、百両は銭屋へ返済すれば、百両が藩の純益となる。

「このような御手船を八艘もち、海難さえなければ、毎年千両の利益があがる」

銭屋の御手船骨折り料は、千石の蔵米を大坂に運送して四両ほどで、とるにたらぬ褒美である。

「それでよいのじゃ。栄実様のため、藩のため、領民のために、財政建直しに力を尽しますのや」

船印《ふなじるし》と帆印と提灯《ちょうちん》に加賀百万石前田家の梅鉢の御紋をつけ、銭屋の幟《のぼり》をひるがえした常安丸が、蔵米を満載し、早春の海風をはらんで宮腰の港を出航した。

藩営海運業が順調にすべり出したその年八月、改革の実行者奥村栄実は急の病で死去した。

老中首座水野《みずの》忠邦《ただくに》による幕府の天保改革が、各種の倹約令や禁止令で民衆の不評をかい、忠邦の失脚で不成功に終わったのは、その年である。加賀藩では栄実を失ったが、五兵衛はその年秋から宮腰の浜で千五百石積みの大船常豊丸《じょうほうまる》の建造に着手した。

年を越すと見物人が連日つめかけ、浜に仮茶屋が五十軒余も建ち並ぶ賑《にぎ》わいである。進水式を待ちきれずに藩主親子が見学にくるなどで、四月十八日の進水式は祭さながらに人びとが熱狂した。

長男喜太郎、次男佐八郎《さはちろう》、三男要蔵《ようぞう》と老妻おまさらを連れて港にきた、七十二歳

になった五兵衛は、白髪の髷《まげ》のほつれを春風になびかせながら、恰幅《かっぷく》のよい胸をはって、

「見るがよい。不況などどこ吹く風ではないか。藩営船常豊丸は、日本一の船玉じゃ」

と、自慢の船に呼びかけた。

常豊丸を入れて藩営船はすでに四艘。五兵衛は銭屋の船もつぎつぎに建造していたので、四十艘余にのぼる銭五の大船団は、藩営船とほぼ一体となり、加賀百万石の威光をその帆にはらんで商売ができた。そして、長男喜太郎に牛前の栄実からも三人扶持が支給されていたから、銭屋は武士の身分をえて、町年寄の役にも列していた。

しかし、奥村栄実の死後、年寄衆の中心となったのは、「加賀八家」のナンバー・ツー長《ちょう》家の長連弘《つらひろ》であった。

――藩が特定の商人の力をかりて利潤をえるなど愚策。士農工商の職分をこえた政策は、民心を惑わすのみである。

と、連弘は考えていた。これは、当時加賀藩を代表する経世家の上田作之丞《さくのじょう》の思想でもあった。作之丞は陪臣《ばいしん》の出ながら、儒学・算学・経世学にすぐれ、すでに六十歳で、市井《しせい》の浪人学者として私塾をひらいていたが、藩の上層部に影響をあたえ、共鳴

する藩士がふえていた。

藩主親子が建造中の御手船常豊丸を見学にきた翌年、奥村内膳も死去した。五兵衛は親交のあった年寄衆二人を失ったが、あとをついだ奥村直温《なおはる》、栄通《てるみち》からひきつづき出入りを許され、藩営海運は継続された。

そして、弘化四年（一八四七）正月、五兵衛は金沢の町年寄とともに藩主斉泰公に御目見《おめみ》えの栄に浴した。

「藩営海運に尽し、銭屋五兵衛、大儀である」

と、藩公からお言葉まで賜った。

――商人として、人生これに過ぎたるものはない。

七十五歳の五兵衛は、老妻おまさにそう述懐して涙を流した。

しかし、この年、年寄長連弘は上田作之丞門下をつぎつぎに要職に登用した。いわゆる第一次黒羽織《くろばおり》党政権の発足である。

長連弘の黒羽織党政権は、次の政策をかかげた。

一、商品作物の奨励。

二、新田開発と米年貢の増収。

三、商品流通の統制強化。

藩営海運は継続され、五兵衛親子は、木谷藤右衛門らとともに亡くなった奥村栄実の子栄通の屋敷に招かれて精励の労をねぎらわれ、五兵衛は呉服と菓子、喜太郎は紋付と安南《アンナン》の水指を褒美として頂戴した。

翌嘉永《かえい》元年（一八四八）二月、五兵衛自慢の御手船常豊丸が能登半島沖で沈没した。蔵米千五百石を積んで出帆して間もなく、強い北西風にあおられて岩礁に乗り上げて大破、この知らせをうけた五兵衛は現場に急行して濡れ米回収の陣頭指揮をとったが、船は沈没した。

この事故の厄《やく》落しに老妻や娘らと京都に遊んだ五兵衛の留守中に、宮腰で百四十軒も焼失する大火事があったが、銭屋は類焼をまぬがれた。帰宅した五兵衛は、すぐに第二常豊丸の建造に着手、御手船への意欲はすこしも衰えなかった。前田家御紋入りの御手船がふたたび威容をみせるのは嘉永三年（一八五〇）三月だが、御紋入り提灯の許可がおりそうにないと五兵衛は思った。このときの算用場奉行は、上田作之丞門下の逸材で、藩営海運反対の急先鋒《きゅうせんぽう》の一人であった。

——黒羽織党は御手船に熱を入れまい。

そう読んだ五兵衛は、ならば一層銭屋の力で藩営海運の利益をあげるべく努力しつつ、新政権の施策「新田開発」に協力し、同時に銭屋の経営の安泰をはかった。すでに五兵衛は資産の投資先として手ごろな田畑を買い集めて小作料も収益としてきたが、藩法では町人の田畑購入を禁じているので、法の目をくぐって名義をその村の農民にしていた。今日の新田開発は、これに協力すれば銭屋が地主になれる機会である。そこで、三男要蔵の身分を寺中《じちゅう》村の百姓にして、その要蔵の名で、

——河《か》北潟《ほくがた》埋立て、二千九百石の新田開発。

を郡《こおり》奉行に願い出た。干拓経費約二千五百両は銭屋の負担である。嘉永二年（一八四九）、五兵衛七十七歳、要蔵二十九歳。六月この許可がおりた。

宮腰の北方にひろがり日本海につながる河北潟は、金沢の文人たちから蓮湖《れんこ》、大青《だいせい》湖《こ》と呼ばれ、藩主も船遊びに興じる、魚類の豊富な広大な潟で、この干拓事業は、木谷・島崎両家の豪商も加わり、総高四千六百石の新田開発の大事業であった。

四

間もなく沿岸の百姓と漁師から干拓反対の声があがり、激しい抵抗があった。

銭屋では干拓工事を急がせるために地元の百姓ではなく専門の黒鍬衆《くろくわしゅう》を使ったので、百姓たちに人足賃が入らないと憎まれて工事が妨害されただけではない。地元の村が将来開発する予定地だからと、銭屋の開発場所に百姓たちが苗を植えつけたりも

した。また、昔から豊富にとれたごり、鮒《ふな》、あめご、鯰《なまず》、鰻《うなぎ》や蜆《しじみ》などで生計を立てていた漁師が工事に反対して妨害した。

夜間に杭が引き抜かれたり、埋立てていた土手が切り崩されたりする。監視小屋を建てて見張りを厳重にしたが、これが農民漁民の反感を募らせ、妨害がひどくなる一方である。腹を立てた黒鍬衆の親方や番人のなかには、埋立て工事の根固めに使っている石灰を湖水に撒《ま》いて、漁師どもを懲らしめようかという者までいた。

工事は思うように進まず、さすがの五兵衛も工事の前途に不安を抱いた。嘉永四年（一八五一）、次男佐八郎に代筆させた遺言状に次のように述べた。

――前もって覚悟はしていたが、全く算盤《そろばん》にあわず、老人にとって不相応の心痛で寝ていても不安で仕方がない。しかしながら、いましばらく辛抱すれば、全く損ということもないであろう。潟中へ打ち棄《す》てるごとき投資だから、元銀が少しでも小作料で回収されればよしと考えるほかなかろう。この点をよく納得し、私の死後も決して止めてはならぬ。自分一人の栄華のためにはじめた事業ではない。藩のため、また子孫の少禄にもなると思ってはじめたものである。それにしても、私の考えは足らなかった……。

五兵衛は、この歳になってはじめて弱音を吐いた。

翌嘉永五年（一八五二）、八十歳を迎えた五兵衛は、妻おまさに先立たれ、自分も病がちでもあったので、これが最後になると思い、七月、要蔵を供にして信州善光寺参りに出立した。

その留守中の八月、異変がおこった。河北潟の魚類が大量に変死したのだ。

「それればかりではございません。死魚を喰《く》った鳥や猫までが死んでいるそうにございます」

宮腰への帰途、途中まで迎えにきた青森支店の支配人喜助が血相を変えて報告した。

「なにゆえそのような……？」

「銭屋が石灰や毒油を潟に撒いたせいだと、きくに堪えぬ風評が流れております」

「馬鹿な！　銭屋がそのような卑劣な真似をするわけがないではないか。調べればわかることじゃ」

途中、河北潟の岸を通ると、ごり、鮒、鰻、鯰などが白い腹をみせて水面におびただしく浮かんでいた。

五兵衛は要蔵と八月十一日に帰宅したが、十二日には郡奉行が潟魚《せきぎょ》の売買を禁止した。藩の台所では潟魚にかぎらず海魚も購入を停止、そして二十四日には、潟魚を食

べた村民十一人が死亡した。騒ぎは大きくなり、

「銭屋の工事場で石灰を潟にたれ流しておる」

「銭五は、漁師の工事妨害の仕返しに、毒油を流したのだ」

と、噂が噂を呼び、銭屋への反感は募るばかりである。

「銭五は藩の年寄衆と結託して、あくどく儲けておる」

天保の飢饉のとき以来の民衆の反感が憎悪となって、銭屋に襲いかかった。

八月二十九日、三男要蔵と人足頭の一人が捕えられて町会所の牢に入れられたのを皮切りに、人足頭や黒鍬衆の親方や番人が続々と捕えられた。そして九月十一日、五兵衛自身と銭屋本店の主人喜太郎、次男佐八郎が捕縛され、金沢町奉行所の牢にとじ込められた。

逮捕者は四十名をこえ、大疑獄事件に発展した。奉行所は噂された石灰や毒油の証拠品の探索に力を入れ、尋問をうけた男の一人が石灰俵が見つかったときいて自殺した。

要蔵、喜太郎、佐八郎らは厳しい吟味に耐えたが、拷問をともなう苛《か》酷《こく》な吟味に、番人のひとり儀兵衛《ぎへえ》がついに石灰投入を自白した。

病がちであった老齢の五兵衛は、公事場の牢に入って病状が悪化した。牢医者の治

療をうけたが、尿道閉塞で小便が出ない。が、奉行の吟味には不遜《ふそん》ともいえる毅然《きぜん》とした態度で応じた。

「潟魚の大量浮死につき、五兵衛、要蔵の仕業であるとの噂がもっぱらである。その方がじかに実行しておらぬとしても、指図したのではないか。ありていに申せ」

「左様な儀、一切覚えがございません」

「では、そのような風評を誰よりきいたか」

「誰かは、はっきり覚えておりません」

「容易ならざる風評にかかわらず、誰よりきいたか覚えなしとは、不都合千万の答えじゃ。その心得は法に背《そむ》き、お咎《とが》めにあたるぞ」

「いかようにいわれましょうとも、失念してございます」

迎えにきて異変を報じた喜助をかばっているのではなかった。自分は無実であるのだから、そのような風評はどうでもよいのである。それより五兵衛は、藩営海運に批判的な長連弘の黒羽織党政権が、銭屋を陥れていると感じていたから、政商としてのおのれを嘲笑《ちょうしょう》する思いで自分を冷徹に見つめていたのである。

——もはやこうなっては、奥村直温、栄通様との縁故も頼りにはなるまい。じたばたしても詮《せん》ないことよ。残念ながら、これが政商銭屋の最期というものか……。

病が重くなる一方の五兵衛は、十一月二十一日深夜、公事場の牢内で八十年の生涯を閉じた。判決前の牢死は遺体を遺族に渡さないのが藩法なので、遺体は塩漬けにされて判決の日を待った。

翌嘉永六年（一八五三）、ペリー艦隊が浦賀に来航したその年の十二月、銭屋一族へ判決が下った。銭屋要蔵は首謀者として磔《はりつけ》。銭屋喜太郎、佐八郎、喜助ら五名は永牢。その他十一名が処罰され、それまでに五兵衛ら六名が牢死していた。

探索の結果、石灰や毒油の証拠品は明らかにされず、河北潟の魚類大量死は銭屋の投毒によるものではなく、干拓工事による潟水の自然腐敗などが原因だったようである。

その河北潟を望む海辺の一本松の刑場で磔に処せられた要蔵の死体は人目に晒《さら》され、五兵衛の塩漬けの遺体はわずかに残された娘と孫たちのもとに還《かえ》った。

千両天秤——近江商人　中井源左衛門

一

「扮装《いでたち》は一人前じゃのう、清一郎《せいいちろう》」

見送りにきた母方の叔父の井田玄泉《いだげんせん》が、頼もしげにしげしげと見ていった。かたわらで母のふさも目を細めている。

その母が仕立ててくれた子持ち縞《じま》の木綿《もめん》の着物を尻はしょりして、手甲《てっこう》・脚絆《きゃはん》をつけ、縞の合羽《かっぱ》をはおった肩に天秤棒《てんびんぼう》で行商の荷を前後に振り分けにしてかつぎ、菅笠《すげがさ》をかぶった姿は、いささかぎごちないが、どうして立派なものだ。

享保《きょうほう》十九年（一七三四）三月吉日、十九歳になった中井《なかい》清一郎の、初めての行商の旅立ちである。行商の品は、叔父の玄泉が調合した合薬《あわせぐすり》〈萬病感應丸《まんびょうかんのうがん》〉。行商先は、ここ近江国日《おうみのくにひ》野《の》からはるか遠国《おんごく》の関東の上総国《かずさのくに》である。

「飲み水には、くれぐれも気をつけるのですよ」

すでに幾度もいった心配事を母は口にして、そっと目頭をぬぐった。

そこへ、上総へ連れて行ってくれる先輩格の行商人相坂半兵衛《あいさかはんべえ》がきて、いよいよ出立である。

姉のさかは見送ってくれたが、義兄の市左衛門《いちざえもん》は小屋に引き籠《こも》ったきり、とうとう顔を見せもしなかった。

——この私が行商で稼いで、必ず家運を挽回《ばんかい》してみせる。

嫡男である清一郎は、自分の胸に悲壮なまでにいいきかせている。十歳で父を亡くして以来、少年ながら辛酸《しんさん》をなめてきたのだ。

中井家の祖先は佐々木源氏の出で、蒲生郡《がもうごおり》岡本村に居住していたが、やがて日野に移って中井姓を名乗り、祖父の代には日野椀《わん》の製造販売を手広く営むようになり、江戸や広島方面に行商した。父市左衛門も家業をついで精励し、主要な得意先である広島方面のほかに、上野《こうずけ》・上総方面にも売子《うりこ》を派遣した。ところが、市左衛門が四十五歳で病死すると、家運は急速に傾いた。

嫡男の清一郎はまだ十歳だったので、姉に婿《むこ》を迎えて店の経営をまかせたが、最も大きな得意先であった広島の鳩屋《はとや》善右衛門《ぜんえもん》が倒産して、その売掛代金が回収不能になった。市左衛門を襲名した義兄には商才も根性もなく、彼はついに地所・家屋・道具類を売り払い、家業を廃して、裏の小屋に引き籠ってしまった。

「不甲斐《ふがい》ない男だ」

清一郎は、父が雇った漆器職人の吉三郎《きちさぶろう》から技法を学び、日野椀の絵を描いて、少年ながら母と幼い弟妹たちの暮らしを支えた。彼には画才があり、椀に描く花鳥風月は見事な出来映えであった。

　十三歳のとき親戚の者が江戸奉公をすすめたが、少年はこういって断わった。

「首尾よく勤めあげて三百、五百両を頂戴してもおもしろくないゆえ、辞退します」

　こうして九年間こつこつと蓄えた金がようやく二両に達し、母が大事にしてきた父の遺産三両を合わせて資本《もとで》が五両になったとき、叔父の玄泉が合薬の行商をすすめた。

「日野椀の行商も悪くはないが、お前が一からはじめるなら合薬の行商がよい。薬なら軽いから持ち歩きが楽で、利益も大きく、日野の〈萬病感應丸〉は関東で評判がよい。わしが調合して貸してやるゆえ、代金は売れてから返してくれればよい」

　萬病感應丸は、正徳《しょうとく》二年（一七一二）に日野の正野玄三《しょうのげんぞう》が京都の医師に学んでつくり出した、麝香《じゃこう》、牛黄《ごおう》、牛胆《ぎゅうたん》、人参《にんじん》、沈香末《じんこうまつ》、真珠などを成分とする、万病に効く漢方薬で、叔父はこの製法を会得して家業としていた。そして、銭六十貫（金にして約十五両）分もの合薬を貸してくれたのである。これを加えると、清一郎の行商創業の資本は、二十両ということになる。

　清一郎は、半兵衛に伴われて日野町の本通りに出た。

　蒲生郡日野は、天文《てんぶん》年間から、織田信長の臣であった蒲生定秀《さだひで》、賢秀《かたひで》、氏郷《うじさと》の三代にわたってつくられた城下町である。

氏郷は永禄十二年（一五六九）、信長に従い伊勢に戦い、同年冬、信長の娘を娶《めと》り日野に帰城。以後、朝倉攻め、小谷《おだに》城攻め、長篠《ながしの》の合戦などに参加、本能寺の変のときは父賢秀とともに日野に在城して明智光秀の勧誘をしりぞけ、安土から信長の妻女と家族を引きとって籠城《ろうじょう》した。羽柴秀吉はこれを賞して光秀の欠所地五千石を与えた。その後、氏郷は秀吉から南伊勢十二万石に封じられて伊勢松坂に移り、小田原攻めに参戦した天正《てんしょう》十八年（一五九〇）には、会津九十万石を与えられて会津黒川（若松）に移った。そして、子の秀行《ひでゆき》は慶長三年（一五九八）、徳川家康によって宇都宮に移封され、上杉景勝《かげかつ》が会津に封じられたが、翌年、会津六十万石を再び拝領した。

日野の商人・職人のなかには、氏郷を慕って伊勢へ、さらに会津へと移って行った者が少なくなかった。ちなみに、会津塗には日野漆器の技法が伝わっているといわれる。

——日野はたいしたものだ。

町を歩くたびに清一郎は思う。

御代参街道《ごだいさんかいどう》と呼ばれる伊勢街道が町を貫通して東西に伸び、その本通りに沿って南北に町割りされた城下町は、鍛冶町、鉄炮町、弓矢町、大工町などにそれぞれの職人が住み、日野椀の職人のほとんどは塗師町《ぬしちよう》に住んでいて、近くの保知町《ほしちよう》は煙管《きせる》職人の町で、日野の保知煙管の名で諸国に知れわたっている。そして、合薬をつくる薬師《くすし》は、日野城下で二百人を超える。それらの特産品を諸国へ行商する店は、大窪町を中心に軒をつらね、日野の城下町中が活気にあふれているのである。

倒産前の清一郎の十一屋《といちや》も、黒板塀をめぐらした広い屋敷に大勢の漆器職人が働き、賑やかに行商の売子たちが出入りして、父が自慢の広い庭があった。

先に立って本通りに出た半兵衛は、人手に渡った十一屋のあった塗師町を通りこして、北へむかって歩いて行く。この御代参街道は、中山道《なかせんどう》の小幡《おばた》から八日市、日野へと南下し、土山《つちやま》で東海道と交わり、伊勢へ通じている。つまり、日野から南へくだれば東海道に出るのである。

「半兵衛さん、関東へは中山道を行くのですか？」

清一郎は訊《たず》ねてみた。

「そうさ」

半兵衛は、当り前なことをきくなといった顔つきである。清一郎も、江戸へ行く日野商人のほとんどが中山道を使うことを知ってはいる。

「しかし、東海道のほうが近いし、楽なんじゃないですか？　中山道は山道ばっかりでしょう」

清一郎は半ば独り言に日ごろの疑問を口にした。

東海道と中山道がひとつになる琵琶湖の南の草津から江戸まで、東海道は百十八里三十二丁、中山道は百二十八里三十四丁で、東海道のほうが十里（約四〇キロメートル）近い。日野からもほぼ同様で、東海道は箱根越えの難所があるものの、海沿いの平坦な道だから旅には楽である。

ところが半兵衛は、

「あほなこというな。私らは山越え商人やで。難所の多い中山道を行くんや」

と、焙烙《ほうろく》で豆を煎《い》るかのようにぽんぽんといい、言葉をついだ。

「たしかに東海道のほうが楽だが、私らは物見遊山の旅じゃあねえ。東海道は大井川なんぞの川が幾つもあって、雨が降ると川があふれて幾日も川止めになり、無駄な日数をとられてしまう。近江商人にはそんな暇も宿賃もねえ。江戸まで少しばかり近いからって、駿河《するが》や相模《さがみ》へ行くなら別だが、東海道は使わぬものだ」

「理由はそれだけですか？」

この若者には納得がいくまで訊ねるしつこいところがある。

「ほかにも大事なことがある」

半兵衛はうるさがらずに、よくきいてくれたというように笑っていった。

「桑名に出る石榑《いしぐれ》峠越えの八風《はっぷう》街道も難儀な道だが、山越えの難儀な道が近江商人を鍛えますのや。こうして天秤棒で大事な荷をかついで、夏の油照りの日も冬の雪の日も、山また山の中山道を年に幾度も往復してみて、お前にもやがてそれがわかる。それに、関東の上州、野州、常州、総州に行くには、中山道のほうが近いんだよ」

「ようわかりました。すんまへん」

清一郎はぴょこりと頭を下げた。

清一郎の荷は薬だから軽いが、半兵衛のほうは帷子《かたびら》（夏に着る麻・木綿などでつくる単衣《ひとえ》）の行商なので、その嵩《かさ》のあるずっしりとした荷を天秤棒でかついでいる。しかしその歩き方は軽々としたもので、数えきれぬほど中山道を往復した行商人の足運びと腰の使いようだと、駆け出しの清一郎にもわかる。

日野の城下を出た二人は、田起こしのはじまった田畑のつづく、うねうねとした街道を八日市へとむかった。

このあたり、山というものがない。琵琶湖の東、湖東平野は、はるか東南の鈴鹿山脈までさえぎるものがない。冬、琵琶湖からの北西風は、鈴鹿の山々まで一気に吹き抜ける。夏は風がぴたりと止まって、うだるばかりに暑いが、一年を通じて琵琶湖の水明りが映っているかのように人の気性は明るく、肥沃《ひよく》の土地でもある。

京の都にちかく、東海道、中山道、北陸道や伊勢街道、八風街道などの諸道があつまり、琵琶湖の水運もあって要衝の地で、日本列島のほぼ中心に位置するから、日本のへソといっていい。中世から市が立ち、商業が栄えた。

「ここより、天下に号令をかける」

信長が安土の山上に堅固壮麗な城を築き、安土の城下町に楽市楽座《らくいちらくざ》を設けて商業の発展を奨励した。

その安土に近く、八幡《はちまん》（近江八幡）、五箇荘《ごかしょう》、日野がある。

秀吉は関所を廃して商品流通を自由にした。そして、日野が氏郷によって大いに発展したごとく、秀吉の甥《おい》の秀次がつくった八幡の城下町も商業で賑わい、五箇荘もまた行商人の町になった。おなじ近江商人ながら、それぞれに八幡商人、五箇荘商人、日野商人と呼ばれて、扱う商品も異なる。

八幡商人は蚊帳《かや》、畳表《たたみおもて》、麻布《まふ》、数珠《じゅず》、灯心《とうしん》、蠟燭《ろうそく》、扇子《せんす》。五箇荘商人は呉服、太物《ふともの》（綿・麻織物）、編笠、麻布。そして日野商人は、日野椀、漆器、合薬、煙管、日野さい、野され（繊維）、茶である。

徳川の幕藩体制になってから、近江国は幕府直轄領《ちょっかつ》や旗本領、二十に及ぶ各藩の飛び地、公家・寺社領などがひしめいて、ズタズタに切り刻まれた。湖東平野の領民は、領主に頼れず、これまでの商業を生かして、いっそう天秤棒一本で他国へ行商に出て自立の道を選ぶほかはなかった。それが近江商人である。

「私ら近江商人は、郷里や上方の産物を遠く関東まで天秤棒一本で持ち下って、売りさばき、帰りはその地方の産物を仕入れて上方で売りさばく商法や」

道中、半兵衛は話した。

「なぜ、わざわざ遠く関東まで苦労して持ち下るのです？」

相変らず清一郎は訊ねる。

「遠い地域ほど価格差があり、欲しがる品も異なるゆえ、それを持ち下れば儲けが出るというわけや。だがな、決してぎょうさん儲けてはあかん。相手のことを考えて薄利や。薄利で利益をあげるためには、他の商人のいやがる苦労を進んでひきうけるきばりと、長い間で見て儲かるしまつが大事やで」

「しまつときばりですね」

「そうや。しまつしてきばる。これが近江商人の極意や」

日野を早立ちした二人は、八日市を経て中山道の小幡に出て、その日のうちに彦根まで足をのばして泊った。いずこの宿場でも〈日野商人定宿〉の看板を出した旅籠《はたご》に泊るのである。

当時、近江から江戸まで中山道を男の足だとおよそ十四日で歩いた。ほとんど雪の消えた春の中山道は、山坂は多くとも若い清一郎には楽な旅であった。日野を出立して十二日目、碓氷《うすい》峠を越えて上州に入った。目の前に見渡すかぎり田畑のつらなる広大な関東平野がひろがっている。

「上総まであと二日の道程《みちのり》やで」

立ち止まって汗をぬぐいながら半兵衛がいった。

二

江戸には入らず、武蔵国から下総国《しもうさのくに》を通った半兵衛と清一郎は、佐倉城下から四街道《よつかいどう》を経て上総国（千葉県）に入り、いよいよ行商をはじめることになった。

上総国の江戸湾沿いの村々は、半兵衛の得意先で、清一郎の父の代の得意先もあるはずだ。

行商をするにあたって、半兵衛はこういった。

「扱う品がちがうから一緒にまわってもいいんだが、別々にまわって、お前さん白身の才覚でやってみな。酷《むご》いようだが、そのほうがいい。最初はしくじっても、追々《おいおい》こつをつかんでいく。肝心なことは、客と馴染《なじ》みになることだ。一ヵ村に一泊するつもりぐらいでゆっくりめぐって、家々と馴染みになるのがいい。三、四日ごとに旅籠で落ち合って、首尾をきくことにしよう。しっかりやんな」

半兵衛と別れた清一郎は、五井《ごい》藩の市原郡五井村から合薬の行商をはじめた。このあたりは半農半漁の村々で、養老川河口の五井河岸は、流域の産物が集まり、江戸との海上交通もおこなわれて賑わっている。

清一郎はかなり緊張して、まず道端の家に入って行った。ひっそりとした縁側で、老婆が日なたぼっこをしながら針仕事をしていた。まだ朝のうちだが、家の者は野良仕事か漁に出はらっているのだろう。

「お早うございます。精が出ますねえ、ばあちゃん」

思いっきり愛想よく、清一郎は声をかけた。顔をあげた老婆は、怪訝《けげん》そうに見ている。

「近江から薬売りにまいりました。日野の十一屋でございます」

「近江から？」

耳が遠いのか片方の耳に手をあてがってききかえした老婆は、しかし笑顔になっていった。

「そりゃまあ、ずいぶんと遠方からご苦労さんだねえ」

「前に十一屋の者が日野椀をもってうかがったと思いますが」

ほっとした清一郎は親しげにそういって、天秤の荷をおろすと、合薬のひと包みを老婆によく見せて、

「今日はね、この萬病感應丸をもってきたんですよ」

と、暗記してきた効能をのべた。

「万病に効くって本当かい？」

老婆はろくに清一郎の口上をきかずに問い返す。清一郎は懸命だ。

「唐天竺《からてんじく》に棲《す》う麝香鹿《じゃこうじか》の嚢《のう》から製した麝香がまず入っていましてね。これは心ノ臓を強くし、中風などのふるえをとめます。次に牛黄、これは牛の胆《きも》に生じる石で、これまた心ノ臓を強め、熱を下げます。高価な人参は……」

家の奥から咳《せき》をする声がきこえた。老婆の亭主が病で床についているのだろうか。

清一郎は、萬病感應丸にやはり入っている沈香末は咳を鎮める効能があるのだと言葉に力をこめた。

老婆はうなずきながら、手にした萬病感應丸の包装に見入っている。包装の美濃紙には、「目まい、立ちくらみ、下り腹、腹痛、風邪、中風、萬病感應丸　江州《ごうしゅう》日野

井田玄泉調合」と版木で刷られている。

「いますぐお代を頂戴しなくていいんですよ。今日はただで預けていくから、じいちゃんが塩梅《あんばい》でも悪いようなら、試しに使ってみてくれませんか。丸薬だから煎《せん》じる手間はかからないよ。白湯《さゆ》で朝夕三つ粒ずつ飲めば元気になる。五包みばかり預けていこうか。なあに、ひと月もしたらまた寄ってみるから、そのとき服用した分だけお代を頂戴できればいいんですよ」

「預ってもいいけど、五包みは多いね、三包みで結構だよ」

「ありがたいよ。おおきに」

清一郎は深く頭を下げた。そしていった。

「近江からはるばる出てきて、今日がはじめての行商なんですよ。それもおばあちゃんのところが最初も最初。こうして置かしてもらえて……」

鼻の奥がツンとして、声がつまった。幸先がいい。

しかし、二軒目からはこうはいかなかった。馴染みになろうと懸命に愛想よくふるまってもほとんど断わられて、気は滅入り歩き疲れて、行商のむずかしさと辛さを思い知らされた。

三日目の晩、旅籠で半兵衛と落ち合ったとき、十九歳の若者は元気をなくしていた。

「まあ、慣れるまでは仕方がないな。この私だって、最初はずいぶんと苦労したもんだ。行商は根気だよ。きばりだよ」

半兵衛はそういって慰めてくれたが、清一郎は行商のやり方が悪いのではないかと考えはじめていた。たしかに慣れないし若いから、客と馴染みになろうと口にする世間話にしてもぎごちない。結局、無駄な時間を費しているのだ。

――だったら、もっと効率よく一軒でも多くの家をまわったほうがよいのではあるまいか。半兵衛さんは帷子の現金販売だが、自分は合薬をまず置いてもらって後から使った分の代金回収なのだから、行商のやり方が同一であっていいわけはない。

半兵衛へはいわなかったが、そのように考えた清一郎は、翌日から自分の思うように村々をまわった。しかし、期待した成果はあがらずに日野に帰るほかはなかった。

その年の二回目からは、一人で自分の思うようにやり、前回の家々もまわって代金を回収し、帰りにそのあたりの特産品である団扇《うちわ》を仕入れて、帰途、中山道の道中で売りつくして家にもどった。が、一年目はかなりの損金が出た。

合薬の行商は、利益も大きいが、後からの代金回収なので資本《もとで》がかかる。その資本を貸している叔父の玄泉は、清一郎を憐《あわ》れんで、

「どうだな、給金をやるから、わしの手代として行商をしては？」

と、すすめてくれたが、

「いえ、それはお断わり致します。はじめた以上は、やりとげようと存じます」

と、目をむくようにして断わった。その気性の激しさと頑固さを、叔父はよく知ってはいたのである。

翌年からは、行商先を上総から安房《あわ》、下総、武蔵、下野《しもつけ》、常陸《ひたち》へと徐々に広げた。辺鄙《へんぴ》な村ほど薬を置いてくれる。往復する中山道の甲斐、信濃にも得意先をつくった。

こうして近江の日野から関東へ行商十一年、倹約に倹約をかさねて三十歳になった清一郎は、延享《えんきょう》二年（一七四五）、売子も使うようになり、下野の堀越にささやかながら出店《でみせ》を設けるまでになった。そして、翌年、日野の大窪町に家屋を新築し、その翌延享四年（一七四七）、三十二歳になった清一郎は妻を迎えた。

そして、寛延二年（一七四九）、下野国那須《なす》郡大田原《おおたわら》に出店した。清一郎、三十四歳である。

大田原は奥州街道にある、大田原家一万一千石の城下町で、北関東、そして奥州へ進出する要衝で、彼は早くからこの地に目をつけていたのである。

この年、清一郎の資産は、七百七十五両一分になった。自分の資本《もとで》わずか二両、父の遺産と叔父からの借入金をあわせて二十両で出発した若者は、十五年間の天秤棒一本の行商で千両近くにまで資産を殖《ふや》した。

近江商人の行商を、

――千両天秤

という。天秤棒一本あれば行商して千両を稼ぎ財をなす商魂の逞《たくま》しさがこの言葉を生んだが、千両を稼いでも行商をやめずに初心を忘れず商売に励めとの教訓もこめられている。そして、

――日野の千両店

というと、千両儲かると主に関東に店を設ける日野商人の出店の多さを指す。

中井清一郎は天秤棒一本の行商で十五年かかって、関東に千両店を出すに至った。

すでに母を失っていた彼は、妻とともに父母の菩提《ぼだい》寺に詣で、両親と先祖の墓前に家運の挽回なったことを報じた。

三

「どうであろう、関東だけでなく奥羽にも枝店《えだみせ》を出しては？」

名を源左衛門《げんざえもん》と改めた彼は、日野の本店にいる折り、妻のふみに相談した。

「奥羽では綿《わた》を産しないゆえ、綿、木綿、古手《ふるて》類を持ち下り、奥羽の特産物である生《き》糸《いと》や紅花《べにばな》などを上方へまわし、ことに生糸を西陣や丹後の機屋《はたや》へまわしたならば利益が出ると考えて、大田原店の支配人に命じて少しずつやらせているのだが、この商法を思いきって大々的にやるには、仙台あたりに店を出すのがよいと考えますのや」

「奥羽ではそんなに古手類に人気があるのですか？」

ふみは怪訝そうにまずそう訊ねた。古手とは古着のことである。

「大ありだよ。古手には、京古手、大坂古手、堺古手、江州古手、伊勢古手、江戸古手などがあることはお前も知っていようが、貧しい奥州の人びとから上方の古手はよろこばれる」

「それならば、おやりなさいな」

「しかしながら、この商法をやるには資本《もとで》がかかる。数百里へだてた奥州と大量の商品を動かすには、その仕入れと販売を円滑にする出店を要所要所に置かねばなるまい。まず、仙台だが……」

大田原店では、すでに日野合薬ばかりでなく、太物類や古手類も販売し、薬種類も取扱っていた。そして、大田原の塩屋勘右衛門《かんえもん》と共同で質屋も営み、また上野国小泉村に酒造場を設けて、大田原店の枝店としていた。

　源左衛門が仙台店開設に踏みきるのは、明和六年（一七六九）、五十四歳になってからである。

　これ以前、いわゆる田舎絹の京都進出によって独占的地位を脅《おびや》かされつつあった西陣の機業者たちが京都所司代に請願して丹後縮緬《ちりめん》の京都搬入高を制限せしめようとした。それはできなかったが、この年にはさらに京都糸問屋もまたその制限の処置に出た。これを絶好の機会ととらえて、源左衛門は仙台店開店と奥州産物廻しの大々的商法の実施に踏みきったのである。

　この年の源左衛門の資産は、七千四百六十八両二分。大田原店開設から二十年間で十倍近くに増加し、天秤棒一本での創業以来三十五年、当時発行の日本長者番付にその名がのるようになった。

　その後、上方では伏見（後に京都、大坂にも）と丹後縮緬の本場の後野《うしろの》に出店を開くことになるのだが、出店開設と大々的な新分野での商売展開には、巨額の資本を必要とした。そこで源左衛門は、知人数人に資本参加を求めた。

　仙台店では、日野商人の矢野新《しん》右《え》衛門《もん》ら三人と京都の一文字屋杉井九《きゅう》右《え》衛門《もん》から出資をあおいで、五人組合の合資企業体とした。伏見店と丹後店では、京都商人二家と日野商人三家の参加をえた。

当時、「組合商内」と呼んだ共同企業である。

その後、出店の数は十を超え、北は仙台から南は尾道《おのみち》にまで出店し、各店は本店から派遣された支配人が統轄した。

主要店の仙台店には長男源三郎《げんざぶろう》、彼が二十九歳の若さで死去後は次男彦太郎《ひこたろう》を据え、京都店には三男正治右衛門《しょうじえもん》を配した。そして、日野の本店では商品をなにも取扱わず、源左衛門自身は本店にいて、全国の出店から月々の営業報告をうけて采配《さいはい》をふるった。

各出店は、中井家の単独出資の店もあれば、他家との共同出資の店もあるが、いずれも独立採算の別個の企業体の形をなした。今日の独立採算事業部制の嚆矢《こうし》といっていい。しかも、どの店も中井家本家が最大の出資者であり、同時に最終経営責任者であったから、本家の当主である源左衛門が最高の統轄権を掌握していた。

仙台にまで進出して、奥羽と上方との何百里もの遠隔地で各種大量の「産物廻し」を円滑にするには、もはや天秤棒での人手による運搬では応じきれなくなった。そこで、上方で仕入れた古手、綿、薬種、油などは菱垣廻船《ひがきかいせん》で江戸や浦賀へ送り、一部を陸揚げ、また江戸古手などを積み込んで、海路あるいは陸路で仙台に運び、仙台店を通じて奥羽の各地へ天秤棒行商をした。

また、仙台店や大田原店では、奥羽あるいは北関東で買い入れた生糸、紅花、蠟《ろう》、大豆《だいず》、小豆《あずき》、漆《うるし》などの特産物を、上方へ海路・陸路の双方を利用して送った。北廻り船を利用することもあった。

この産物廻しの商法は、江戸中期以降の時代の要求に投じて逐年盛況を呈した。天明二年（一七八二）には相馬店、寛政元年（一七八九）頃には今市《いまいち》店、そして寛政三年（一七九一）には江戸店も開設された。

また、天明八年（一七八八）には、武蔵の押立《おしだて》に醬油醸造場を、寛政二年（一七九〇）には備後《びんご》の尾道で酒造業をはじめた。

さらに、金貸しもやった。金融は一般庶民にばかりでなく、大名貸しもおこなった。仙台藩、相馬藩、薩摩藩に金を貸し、京都の銀座にも融資した。ことに日野の領主水口《みなぐち》藩二万五千石の加藤家には過不足なく尽したので、領主も中井家を特別に遇した。

財政窮迫の小藩の水口藩は、領内で最も富豪の多い日野の村井・大窪両町の数十家に安永四年（一七七五）以降、「仕送り方」を依頼した。その統率者を任せられた源左衛門は、町内の富豪から月々出金してもらい、藩の江戸における生活費その他入用金一切を調達する重責を負わされた。この外にも藩内八ヵ町村の融元役《ゆうもとやく》も仰せつかった。彼はこれらの任に精励したので、五人扶持《ぶち》を給されたが、しかし、藩の権力者に結びつくことを警戒した。

寛政十二年（一八〇〇）八月、水戸徳川家から「仕送り方」を依頼してきたとき、長男の死後、二代目源左衛門を襲名させていた次男はいった。

「水戸徳川家といえば御三家の一つ、その水戸家から過分のお申し越しゆえ、お受け致そうと存じます。水戸城下にも枝店を開き、常陸・下総の商売が拡充できます」

たしかに水戸家からの申し入れは、

——何か身分之願筋《みぶんのねがいすじ》にて有之候《これありそうら》はゞ、幾重《いくえ》にも相談致方《そうだんいたしかた》の有之《これあり》、格別之《かくべつの》取扱様《とりあつかいよう》も可有之哉《これあるべきや》に御座候。

と、過分の内容だったのである。

七十九歳のときに隠退して、すでに八十五歳になっていた源左衛門は、なお矍鑠《かくしゃく》とした面持で軽く笑っていった。

「こちらに政商としての野心があれば、その好餌《こうじ》にとびつくところやな。危ないのう」

「危のうございますか」

「わしら近江商人には、この日本のいずこも国境《くにざかい》がないゆえ、商いができますのや。水口藩はわしらの故郷ゆえ、できるかぎりの御奉公はさしてもろうているが、深入りは禁物や。仙台藩その他に金子は融通しても、これまた深入りしてはあきまへん。〝武士は敬して遠ざけよ〟じゃ」

「左様でございますな。諸国の者は〝近江泥棒、伊勢乞食〟などと悪口を申しますが、何事も切りつめ節約して、諸国の村々にまで入って商いをする逞しさしたたかさが、近江商人の身上でございますれば、お武家の好餌に喰《く》いついてはいけませぬな」

「政商ともなれば儲けも大きいが、賄賂《まいない》もいる。その賄賂の相手が失脚すればこちらの首も危うく、また賄賂がいる。藩と共倒れになることもあるゆえ、重々《じゅうじゅう》気をつけねばなりませぬぞ」

「それはもう……」

「わしら近江商人は、他国への行商をわが利益とばかり思わず、買い手にもよく、その国の利益ともなる商いをせねばなりませんのや。〝売り手によし、買い手によし〟に加えて、〝世間によし〟の〝三方よし〟。このことを忘れてはあきまへん」

十九歳のとき自己資金わずか二両の天秤棒行商から出発して、近江商人として一、二の長者となって良祐《りょうゆう》と号した中井源左衛門は、九十歳を迎えた文化二年（一八〇五）正月、法然上人《ほうねんしようにん》の一枚起請文《きしようもん》にならって、「金持商人一枚起請文」なるものを書き残した。

――もろ〳〵の人々沙汰し申さるゝは、金留る人を運のある、我は運なき抔《など》と申すは、愚にして大なる誤なり。運と申す事は候《そうら》はず。金持にならんと思はば、酒宴遊興奢《おごり》を禁じ、長寿を心掛け、始末第一に、商売に励むより外《ほか》に子細は候はず。此《この》外《ほか》に貪欲《どんよく》を思はゞ、先祖の憐みにはずれ、天理にもれ候べし。始末と吝《しわ》きの違あり。無智の輩《やから》はおなじ事とも思ふべきか。吝《けち》光りは消えうせぬ、始末の光明満ぬれば、十万億土を照すべし。かく心得て行ひなせる身には、五万十万の金の出来るは疑なし。但《ただ》し運と申事の候て、国の長者とも呼るゝは、一代にては成がたし。二代三代もつゞいて善人の生れ出る也。それを祈候には、陰徳善事をなさんより全《まつたく》別儀候はず。後の子孫の奢を防《いまし》むため、愚老の所存を書紀畢《おわんぬ》。

文化二丑《うし》正月　九十翁　中井良祐識

七十七歳のときにこの種の戒めを記して以来、毎年書き改めて、〝始末〟と〝長寿〟を説いた家法を書き残したこの年、起請文のごとく九十歳の長寿を全うして、眠るがごとくに往生をとげた。

七十九歳で隠居するまで六十年一日のごとくに毎日の収支を記録した源左衛門は、財務管理では今日の複式簿記に相当する帳合法《ちょうあいほう》の帳簿を採用していた。

彼の商法は、全く投機的なものではなく、遠隔地の産物の情報を仕入れ、その綿密な算用と才覚と始末、そして誠実な努力であった。

八十二歳のときに、遺産の分配をおこなった彼は、その後に増殖した財産の中から一万両を、八十九歳のとき一門の者の万一の場合に備える基金としていた。

四

最も早く活躍した八幡商人のなかには、安南屋《アンナン》西村太郎左衛門《たろうざえもん》のように遠く海外に雄飛して、安南（ベトナム）と交易した商人もいた。幕府の鎖国令が出て、せっかく長崎にまでもどってきたのに上陸を許されず、やむなく絵師を船上に呼んでおのれの船を絵馬に描かせ、これに〝帰国心願の絵馬〟と記して郷里の八幡社へ送りとどけて、太郎左衛門は安南へひきかえして行った。彼は慶安四年（一六五一）、かの地で客死した。

それより以前から蝦夷《えぞ》地へ渡った近江商人たちもいて、松前商人の多くが近江商人だが、江戸開府後、日本橋につぎつぎに出店をもったのは、八幡商人であった。現在も残る「西川」は八幡商人の西川甚五郎《じんごろう》、「柳屋」は蒲生郡下小房村出身の外池宇兵衛《とのいけうへえ》の創業による。また高島屋デパートは、高島商人の飯田儀兵衛《ぎへえ》である。また、伊藤忠商事や丸紅は、犬上郡豊郷村出身の初代伊藤忠兵衛《ちゅうべえ》の創業による。

近江商人のおこなった「諸国産物廻し」と「勤勉・倹約・正直」の商法は、今日に受けつがれているのである。

ところで中井家は、明治維新のころ、日野商人の小谷庄三郎《しょうざぶろう》らと提携して、日野通商会社を興した。

しかし、維新により各大名家が廃絶され、大名貸しをしていた大口の貸し金が回収不能となって苦境に陥った。

とくに仙台店は、百万両という大金を仙台藩に貸していたのに、二十万両は全く回収できず、やがて中井家の歴史を閉じる日が訪れた。源左衛門の教訓をやぶって大名貸しに深入りしすぎた結果である。

没落は、これだけが理由ではなかった。

中井家は初代源左衛門の生前遺産分与通り、次男の二代源左衛門が仙台店と相馬店をうけて本家を継ぎ、三男が京都店と尾道店、四男が大田原店、小泉店、今市店をうけて、それぞれ分家をなし、姉の子は金五千八百十五両を相続した。三分家のうち京都店はその後繁昌したが、中井家全体としては業績がかんばしくなかった。今日でいうグループ企業として、近江の本店を中心に結束を固めたなら、明治維新という激動期を乗り切れたであろうに、そうはならなかった。

創業者源左衛門の天秤棒一本での市場開拓精神と独創的な発想を、二代目以降が忘れてしまったからであろう。

明治維新を生き残って、やがて日本の財閥となった企業のごとくに、時代を見通す目も、中井家の人びとにはなかった。

源左衛門が子孫の驕《おご》りを防がんために一枚起請文を記したにもかかわらず、子孫の驕りもあったのである。

この稿を書くにあたって、筆者は日野を訪ねた。大窪町（現・大窪上岡本町）の中井家本家の広壮な邸宅は、かろうじて門とレンガ塀などは残っているものの、黒板塀は破れ、破れ穴から覗《のぞ》くと広い邸内は夏草が茫々《ぼうぼう》と生い茂っていた。

通りかかった、犬を連れた老女がいった。

「最近までおばあちゃんが一人暮らしをしていたのですが、九十歳になって老人ホームへ入ってしまい、住む人もないいんですよ。土地が売りに出ているようですけど、この不況のご時勢ですから、どうなるのでしょうね」

金唐革《きんからかわ》の煙草入れ

——戯作者商人　山東京伝

一

「よく降りやがる」

梅雨《つゆ》だから降って当り前だが、山東京伝《さんとうきょうでん》は舌打ちをして半ば独り言に吐き捨てた。梅雨も半ばを過ぎたのに中休みの晴れ間もなく、今日もしとしとと陰気に雨である。すぐ近くの京橋川も三十間堀も水嵩《みずかさ》を増している。

「いっそ出水《でみず》になりゃあ、公儀《おかみ》の塵芥《ちりあくた》がきれいさっぱり流されて清々するんだが……」

「あら、出水になったら、おまえさん、泳ぐのが難渋でありんすえ」

かたわらで煙管《きせる》に煙草《たばこ》をつめかえてくれていた女房のお菊が気の毒そうにふくみ笑いをしてそういった。

「ちげえねえ。このみっともねえ仕儀じゃなァ」

京伝は大げさに不自由な両手をかかげて、

「いかに水練の達者な身軽な天下の京伝さまも、〝河童《かっぱ》の川流れ〟〝弘法《こうぼう》も筆の誤り〟〝猿も木から落ちる〟というもんだ」

「〝釈迦《しゃか》にも経の読み違い〟〝孔子《くじ》の倒れ〟でありんすえ」

「〝上手の手から水が漏る〟だねえ」

と、自嘲《じちょう》の笑い声をあげた京伝の両の手首は、手鎖《てぐさり》でがっちりといましめられているのである。

寛政三年（一七九一）五月、山東京伝はこの年出版した『仕懸文庫《しかけぶんこ》』『青楼昼之世界錦之裏《にしきのうら》』『娼妓絹籭《しょうぎきぬぶるい》』の三部の洒落本《しゃれぼん》が寛政改革のお咎《とが》めをうけ、手鎖五十日の刑に処せられているのである。版元の蔦屋重三郎《つたやじゅうざぶろう》は財産半減の処分をうけ、京伝の父伝《でん》左衛門《ざえもん》までがお叱りをこうむった。

手鎖の刑は、罪の軽重によって、三十日、五十日、百日の刑期があり、百日では隔日、五十日と三十日では五日ごとに封印改めがある。手鎖の鍵は町役人の家主が預っていて、罪人は町奉行所へその都度出頭して封印を改めてもらうが、罪人の日常を監視する必要がある場合は、奉行所の鎰《かぎ》役人が出張してくる。

京伝の場合は、町奉行所へ出頭して改めてもらう方で、すでに手鎖になって二十九日、明日が三十日目で改め日なのだ。

やみそうにないこの雨の中を、手鎖のついた両手を風呂敷でかくし、お菊につきそわれて、明朝は出頭せねばならない。

それも気重で、京伝は梅雨に八つ当りしているのだ。

しかし、黄表紙・洒落本・絵本の作者として売れっ子のこの男らしく、自嘲する諺《ことわざ》を並べたてておのれを茶化してもいるのである。

京伝の両手はたがいちがいに手首のところで鉄製の輪でいましめられ、鉄輪のくぼんだところに小さな卍《まんじ》錠がついていて、町奉行の捺印《なついん》のある幅六分ほどの美濃紙で封印されている。万一、解錠して手鎖をはずすようなことがあれば、一目でわかるのだ。

京伝はその手鎖のついた両手で、お菊が吸いつけてくれた煙管煙草をぎごちなく受けとると、一服くゆらせて、

「身はかろく　持つこそよけれ　軽業《かるわざ》の
　綱の上なる　人の世わたり」

と、かつて身軽織輔《みがるおりすけ》と号して詠《よ》んだ歌をゆっくりうそぶき、

「人生、軽《かろ》みを身上とする京伝さまも、こう手鎖が重くちゃあ形《かた》なしだ」

「あと二十日の辛抱でありんすえ」

「あと二十日もねえ……」

また紫煙をくゆらせて、京伝は甘えるようにお菊を見た。

頬のふっくりとした瓜ざね顔の美人のお菊は、まだ遊里《さと》言葉が抜けきっていない。

昨年二月、年季の明けた新吉原扇屋の遊女菊園《きくぞの》を京伝は身請けして、二人はめでたく祝言を挙げたのだった。

彼女を知ったのは、十一年も前、画号を北尾政演《まさのぶ》といった京伝が、初めて遊里に通った十九歳のときだった。以来、深く馴染《なじ》むようになり、十一年もかかってようやく結婚した。京伝三十歳。三つ年下のお菊は二十七歳になっていた。

二人は、京伝の父が差配をつとめる銀座一丁目の長屋に住んで、人も羨《うらや》む新婚生活を営んでいた。

そこへ、手鎖五十日の刑である。

五年前、天明六年（一七八六）八月に、十代将軍徳川家治《いえはる》に重用されて権勢を揮《ふる》った田沼意次《おきつぐ》が老中を解任されて失脚し、かわって登場した老中松平定信《さだのぶ》による奢侈《しゃし》禁止令が出たのが、二年前、寛政元年（一七八九）三月であった。

幕府は贅沢《ぜいたく》品を指定して製造販売を禁止したばかりでなく、町人の日ごろの暮らしまでも取締りの対象とした。

その禁止された贅沢品は、手間をかけて作った菓子、町火消の派手な火事羽織や纏《まとい》、高価な能装束や女性の衣服の織物・縫物、贅沢な羽子板や大きい雛《ひな》人形、金銀細工の櫛《くし》・簪《かんざし》・煙管などで、五月には、遊女・歌舞伎役者・飯盛《めしもり》女の衣裳についてまで触れが出され、華美とも思えぬ風俗までがきびしく禁じられる始末であった。世にいう寛政の改革である。

七月には、戯作《げさく》者の恋川春町《こいかわはるまち》が朋誠堂《ほうせいどう》から出版した黄表紙『鸚鵡返文武二道《おうむがえしぶんぶのふたみち》』が改革を戯画化したものとして春町は奉行所に出頭を命ぜられたが、これを断わり、謎《なぞ》の死をとげた。そのころ、京伝もまた絵師政演として描いた石部琴好《いしべきんこう》の『黒白水鏡《こくびゃくみずかがみ》』の挿絵がよろしからずとして過料を仰せつかった。『黒白水鏡』は田沼父子の専横ぶりなどをからかった内容であった。

以来、京伝は挿絵を描くことをやめ、万やむを得ないほかは挿絵には筆をとらないことにしたのである。

そして、今年正月から売出した『仕懸文庫』など三部の洒落本では、改革の町触れに触れぬよう、版元の蔦重《つたじゅう》とあれこれ相談して、作品の趣向を変えるなど苦心し、三部を「教訓読本」と刷った紙袋に入れて売出したほど神経を使ったのだった。

今年は禁制に触れることをおそれて洒落本の刊行がほとんどないせいもあって、「教訓読本」三部は、今日でいうベストセラーになり、追い刷りが間にあわず、蔦重は笑いが止まらず目のまわる忙しさであった。

そこへお咎めの処分である。

——なあに、これしきのことで鼻毛まで抜かれるものか……。

「狂才」とさえいわれる山東京伝は、五十日の手鎖の刑ぐらいでへこたれてはいないが、不便なことこの上なく、食事のときはもとより用便のときも風呂に入るときも両手が手鎖につながれたままというのは、なんとも情けない。

人気の方は手鎖のおかげでいっそう上がって、童子でさえ京伝の名を知っているほどなのである。

——こんなけちなご時勢では、思うように本は書けまい。とすれば、人気を利用した新商売はないものか……。

多才な京伝は、京伝鼻と自称する牡丹《ぼたん》鼻を手鎖の指先でこすりながら、思案してもいたのである。

二

宝暦《ほうれき》十一年（一七六一）の中秋八月十五日に、江戸深川木場の質屋に生まれた山東京伝は、おかしな人物である。

江戸にはこの時代、奇人変人といえる人物が幾人も出た。たとえば博物学者かと思えば戯作者・浄瑠璃《じょうるり》作者、かと思えば石綿を発見して火浣布《かかんぷ》（耐火織物）を作り、田沼意次の命をえて阿蘭陀《オランダ》翻訳御用で再度長崎に遊学、かと思えば、エレキテル（摩擦静電気発生装置）の製作に成功したり、「国益」開発思想の実践として鉱山経営に乗り出したり、かと思えば、「食ふて屎《はこ》して寝て起きて、死んだところで残る物は、骨と証文ばかりなり」と『放屁論《ほうひ》』に書いたり、最期は人を殺《あや》めて小伝馬町の牢で獄死した平賀源内《ひらがげんない》。

京伝もまたこの源内先生につぐ多才な変人の一人である。

幼名を甚太郎《じんたろう》といった京伝は、十歳で『孟子』を抄写するほどの子で、やがて長唄・三味線などを習い覚え、十五歳のとき浮世絵師北尾重政《しげまさ》の門に入って、北尾政演の画号で天賦の才を磨き、十八歳で黄表紙絵師となった。

そして、十九歳からほとんど金を使わずに遊里に遊んで、二度までも遊女を妻にするのである。

十九歳のときに書いた黄表紙『娘敵討故郷錦《むすめあだうちこきょうのにしき》』で山東京伝の名を用いた。その意は「紅葉山《もみじやま》の東に住む京橋の伝蔵」。

天明二年（一七八二）、二十二歳で書いた『御存商売物《ごぞんじのしょうばいもの》』が大田南畝《なんぽ》（蜀山人《しょくさんじん》）に激賞されて出世作となり、つづいて、自惚《うぬぼ》れの強い若者艶次郎《えんじろう》の愚行を描いた天明五年（一七八五）刊の『江戸生艶気樺焼《えどうまれうわきのかばやき》』が受けに受けて、二十五歳にして黄表紙界の第一人者となった。

　そして、その二年後、同じ主人公の洒落本『通言総籬《つうげんそうまがき》』を書いた。黄表紙のスター艶次郎は、天明ぶりを頭のてっぺんからつま先までにまとった、お洒落で遊惰な白惚《うぬぼれ》男《おとこ》で、彼がふたたび登場したのである。

　その扮装《いでたち》は、黒茶の小紋の入った黄八丈にくすんだ色の帯をしめた着流しに、黒八丈の長羽織《ながばおり》をぞろりとひっかけ、下には縮緬《ちりめん》と絞りの襦袢《じゅばん》と裾廻《すそまわ》しがちらとのぞき、黒革足袋《くろかわたび》に吉原通人のはく草履《ぞうり》をつっかける。梅花模様の脇差《わきざし》を遊惰に落し差し。眉毛を剃《そ》り、髪形は額の毛を髪結《かみゆい》に抜かせておでこを広くみせて髪の毛を少なくした、当節流行《はや》りの本多髷《まげ》。

　見ようによっては嫌らしいことこの上ないが、役者絵から抜け出したごとく、かっこいいことこの上ない流行のファッションなのだ。

　この艶次郎が、幇間《たいこもち》の医者輪留井思庵《わるいしあん》を連れて悪友喜之介《きのすけ》の家に立ち寄る。喜之介の女房はもと遊女で、遊里言葉がまだ抜けず、耳わきの枕だこが消えない女。酒は出るが肴《さかな》は出ないので、鰻《うなぎ》をとろうということになって、艶次郎がぶつぶついいながら、金唐革《きんからかわ》の巾着《きんちゃく》から二朱銀を放り出す——という書き出しの筋立だ。

　またも当りをとったこの洒落本から四年後、流行作家の第一人者京伝は、手鎖五十日の刑に処せられたのである。

手鎖の京伝には誠にうっとうしい梅雨がようやく明け、五十日の刑期が満了して両の手が自由自在になった夏の日、京伝は、財産半減のお咎めでまだ気落ちしている版元の蔦重を呼んで、江戸前大かば焼を思いきりぱくついた。

「うまい。よくぞ江戸っ子に生まれけり、だ」

自作『通言総籬』で伊達男《だておとこ》の艶次郎に食わせたごとく、鰻のかば焼は江戸前と決まっている。いや、「江戸前大かば焼」を流行らせたのは、誰あろうかの源内先生なのだ。

宝暦十三年（一七六三）に平賀源内が書いた滑稽本《こっけいぼん》『風流志道軒伝《ふうりゅうしどうけんでん》』に「江戸前大かば焼」が出てくる。その後、江戸の鰻屋の絵看板や店先の行灯《あんどん》にその言葉がちらほら見えるようになり、天明期には鰻といえば「江戸前大かば焼」ということになった。

この仕掛人が変人の第一人者、風来山人源内先生なのだ。

今日、人口に膾炙《かいしゃ》しているのは、源内先生のつくった「土用丑《うし》の日」の広告文《コピー》だ。夏場はどうしても食欲が減退して、夏まけの暑気あたりが多い。暑気にあたらないために、昔から「う」の字のつくもの「うり・うどん・梅干」を食べる俗信があっ

た。これに着眼したのが源内先生。そこで、

「土用丑の日、うなぎの日」

という「う」の字に語呂あわせをした広告文をつくり、これを鰻屋の引札《ひきふだ》として配らせ、看板や幟《のぼり》などにも使わせた。引札とは、今日でいうチラシやビラのことである。

ついでながら、わが国第一号の引札は、天和《てんな》三年（一六八三）、江戸の呉服商越後屋が新築移転開店でまいたのが最初である。

「土用丑の日、うなぎの日」のアイデアは、蜀山人説もあるが、源内先生はわが国コピーライターの草わけである。

さて、その江戸前大かば焼をうまいうまいとぱくつきながら、京伝と蔦重の会話は、次なる戦略であった。

蔦重は京伝より十一歳年上で、この男もまた、十八世紀江戸という、人口百三十万をかかえた高度な情報文化都市に現われたヘンな人、その時代をコーディネイトした天才である。

江戸新吉原生まれの重三郎は、最初、新吉原五十間道で貸本と小売を主とする本屋耕書堂を営み、安永五年（一七七六）秋から自版の遊郭情報誌『吉原細見』を刊行し

て当てた。吉原だからこそ売れたのだ。

重三郎は売れたからといって、吉原にばかり頼ってはいなかった。みずから狂歌師となり、蔦唐丸《つたのからまる》と名乗って狂歌連に乗り出し、ネットワークをひろげてゆく。そして、天明三年（一七八三）に日本橋通油町《とおりあぶらちょう》に進出、誰も思いつかなかった絵入り狂歌本を出版した。

絵師北尾政演の京伝に、絵入り狂歌本『吾妻《あづま》曲狂歌文庫』などの挿絵を描かせたのは蔦重である。喜多川歌麿《きたがわうたまろ》、蜀山人、葛飾北斎《かつしかほくさい》などとも組んだ彼は、当時の常識をつぎつぎに破って、出版界に旋風をまきおこした。

洒落本作者としての山東京伝の発掘や、歌麿と組んでの美人大首絵の発明など、蔦重ならではである。

その蔦重が江戸前大かば焼を食いながらいった。

「京伝さん、去年あんたと出した洒落本『傾城買《けいせいがい》四十八手』はうるさいことになりそうだが、『小紋雅話《こもんがわ》』のような絵本の人を食った笑いは、役人どもも文句のつけようがあるまいよ」

「われながらよくつぎつぎと考えついたもんだ。中でも〈ねぎをくひなんしたか〉は傑作だったなァ」

と、京伝は笑い出す。

それは「口〳〵小もん」という着物の柄で、唇が二つ、一方の唇が相手の舌を吸っている図柄が並んでいて、添えてある文は、

男「もつとこつちへよりや」

女「ぬしはねぎをくひなんしたか。いつそ口がくさい」

また、「鼻毛しぼり」という柄は、二人の男の鼻の穴から長く伸びきった鼻毛の図柄で、添えてある文は「身の脂《あぶら》を絞つて儲けたる金を、女郎に絞りとられて、後に鼻毛絞りとなると教訓者の言へり」といった塩梅《あんばい》だ。

遊び心で時代と人間を痛烈に風刺して笑いをさそう、ビジュアルなナンセンス絵本文学の傑作である。そして京伝は優れた図案デザイナーでもあるのだ。この才人一人が組めば、江戸の日々の現実こそが文学でありデザインなのである。

「しかしながら、私も今度ばかりは手元不如意で、ちょいと知恵の方も湧いてこないんですよ」

と、さすがの蔦重も財産半減のお咎めでいささか元気がない。

「しばらくは、私の方も我慢の子だね」

京伝もそういって吐息をついたのは、売れっ子の彼でも稿料だけでは食ってはいけ

ず、このご時勢ではなおさらだからである。しかし、ここのところ一人で考えていたことを京伝は口にした。

「店を出そうかと思うんですよ。奢侈《しやし》禁止令にひっかからない新商品が思い浮かんでね」

「それは何です？」

「源内先生、発明の品ですよ」

「源内先生の……？　はて……」

「贋《にせ》の金唐革《きんからかわ》」

あッと蔦重がのけぞった。

「紙の煙草入れなんぞに仕立てたらどうかと思ってね」

と、京伝がかたわらのお菊にうなずいてみせながらいった。

「なるほど、金唐革の紙の煙草入れ。紙だから贅沢品にはならない。ご公儀の鼻をあかす、目のつけどころだ。こいつは当りますよ。さすが京伝さんだ」

蔦重は胸のつかえが一気にとれたように大笑いして、いいそえた。

「京伝さんのことだ。引札文まで考えているんじゃないかい？」

三

京伝の洒落本の主人公艶次郎もふところからとり出した金唐革の巾着。

この金唐革とは、タンニンでなめした皮革に合金箔を貼って、型で文様を浮き出させた上に塗料を塗ったものをいう。唐革とは輸入革のことである。

日本に輸入されたはじまりは江戸時代以前で、鎖国後は長崎出島を通じてオランダ人によって持ち込まれ、「蘭皮《らんぴ》」「はるしや」「印伝《いんでん》」などとも呼ばれた。はるしやは百爾斉亜《ハルシア》、つまりペルシャであり、印伝は印度亜《インデア》、インドである。遠くオランダから、ペルシャから、そしてインドから、金唐革は江戸時代のわが国へ渡ってきた。

この高価華麗な舶来皮革を、紙でそっくりに作り出したとんでもない男がいた。奇人で鬼才の源内先生である。

鉱山開発が思うようにいかずに金銭に困った源内先生が、

「紙を渋もみして、型を打ち、彩色金銀箔置きをすれば……」

と、知恵をめぐらして製造したのが、贋物の紙製金唐革。山師でもあった源内先生ならではの錬金術である。

京伝はその紙製金唐革で煙草入れを作り、自分の店を出して売ろうというアイデアである。

寛政五年（一七九三）の春を迎えると、おなじ銀座一丁目ながら京橋のたもとの木戸際に家を借りて移り、ここを店として九月に開店した。間口は九尺と狭いが、奥が広い。

目玉新商品は、本物の金唐革そっくりのデザインの、紙製の煙草入れ。本物だと庶人には手の出ない値段だが、贋物だから安い。といって本物以上の出来栄え、というより、贋物ならではの、本物をしのぐ妖《あや》しい輝きがある。

しかも、紙製だから公儀の禁制品にはひっかからない。

京伝はこの新デザインの紙煙草入れを商う新店開店の広告を、新発売の自作の黄表紙に掲載した。

蔦屋重三郎刊、京伝作の『根無草筆芿《ねなしぐさふでのわかばえ》』の序に「於紙製烟包舗《かみたばこいれのみせにおいて》・山東京伝叙」と記し、本文見開きの図中に次の広告文を入れた。

〽ちよつとこの所にて御ひろう申上ます。此度《このたび》京伝儀、志んがたかミたばこ入志んミせ出し、いろ〳〵めつら志き志な御座《ござ》候間《そうろうあいだ》、ひとへに御ひいき御ひやうばんよろしくこひねがひ奉ります。そのための口上さやう。

また鶴屋《つるや》喜《き》右衛《え》門《もん》刊、京伝作『箕間尺参人酩酊《みけんじやくさんにんなまえい》』の最終丁には、次のように広告した。

〽ちよつと此所にて御ひろう仕候《つかまつりそろ》。此《この》たび山東京伝儀、新がたかミたばこ入志んミせ出し、下《げ》じきの品にて、きれたばこ入同様、御用ひに相なり候やうくふう仕候間《つかまつりそうろうあいだ》、何とぞ御ひいき御ひやうばんひとへに奉希上候《ねがいあげたてまつりそろ》。

江戸京橋銀座壱丁目　京屋伝蔵

これら二書に多少おくれて発行した『忠臣蔵前世幕無《ちゅうしんぐらぜんせのまくなし》』の序に「於紙《かみたばこ》製烟包舗《いれのみせにおいて》・山東京伝書」とおなじく記し、巻末に、開店後の繁昌《はんじょう》の礼をのべ、四月からの新商品の予告をした。

〽紙煙草入見世殊《こと》の外《ほか》繁昌仕り、誠に御贔屓御陰《ごひいきおかげ》故と、朝夕いづれ様のおかげを拝し、しばしも忘《わすれ》申さず候。なほ又来る四月朔日《ついたち》より、裂地《きれじ》煙草入めつきりよき品売り出し申候。相変らず御贔屓奉希候《こいねがいたてまつりそろ》。

これらはわが国最初の記事中広告である。京伝は宣伝戦略《アドバタイジング》においても新戦略を打ち出した最初の人であった。

寛政の改革にひっかかる贅沢品の「金唐革」とは一言も触れず、「紙煙草入」でおし通すところも巧妙である。

この贋物金唐革の煙草入れは、たちまち江戸市中の話題となり、近郷からも客がおし寄せて、京橋の京伝店《だな》は、行列ができるほどに連日賑《にぎ》わった。

銭湯での混浴禁止などの風紀取締りもきびしく、何事も窮屈なご時勢に反撥《はんぱつ》する江戸庶民のニーズに、禁令をするりとかいくぐった紙製金唐革煙草入れは、胸のすくような商品としてぴったりだったのだ。

民衆の心をつかんで先どりする一流の戯作者ならではの商才である。

ところが、商売繁昌のこの冬、女房のお菊が病の床についた。股間からの出血が止まらず、お菊は苦痛を訴え、みるみる痩《や》せ細り、頬がこけて別人のようである。

診察した医者は、首を横にふった。京伝にそっと耳うちした病名は「血塊」。子宮血腫《けっしゅ》である。

お菊は激しい痛みに耐えられずに、うめきのたうった。

京伝はその苦痛のさまを見るにしのびず、家を逃れ、吉原に居つづけて帰らなかった。

かわって看病したのが、二年前に弟子となって京伝の前の長屋に寄食したことのある馬琴《ばきん》である。

馬琴は、姓は滝沢《たきざわ》。渡り徒士《かち》の家に生まれた武家の出身。京伝より六歳年下である。

京伝に弟子入りして、京伝の代作もしたらしいこの男は、京伝が店を開くと、下駄屋に入り婿《むこ》して、三歳年上で醜女《しこめ》の女房お百を「愚痴蒙昧《ぐちもうまい》な市井《しせい》の愚婦《ぐふ》」とののしりながら、酒も飲まず、賭博《とばく》にも手を出さず、芝居見物にも行かずに、唯一の贅沢は安煙草をくゆらすぐらい、下駄屋をたいして手伝わずに、戯作に励んでいた。

糞《くそ》まじめな、頑固者であった。その馬琴が、女房のお百に文句をいわれながらも毎日のようにお菊の見舞いにきて、看病したのである。

「姐《ねえ》さん、私に何でもいいつけて下さいよ」

ふだんは愛想のひとつもいえない堅物の馬琴が、いかにもぎごちなくそういって、これまたぎごちなくお菊の腰をさすったりした。そのさまは、たまに見舞いに顔を出す蜀山人にいわせると、笑うにも笑えなかったという。
すでに手遅れであったらしく、お菊はその冬、夫の京伝に看《み》とられずにこの世を去った。吉原廓《くるわ》を出て結婚して四年足らず、三十歳の若さであった。
弟子であった馬琴は、こう記している。

――かくてその妻死去せしかば、京伝この日家に帰りて、葬式形のごとく、とり行ひけり。

京伝は亡妻の喪に服して、店の経営にも努めた。そして年が明けて春になると、四月一日から売り出す「新織仕立夏煙草入品々」のかなり長文の引札を作って四方に配った。

恭〳〵《うやうやしく》惟《おもんみ》るに商人《あきんど》の性根《しょうね》といふは、売手《うりて》の安売り買手《かいて》の御贔屓《ごひいき》、疣《いぼ》あひもたざれば繁昌はしがたし。蓋《けだし》安き物を安く上るは安売りにあらず、能物《よきもの》をよいとおつしやるは御ひいきにあらず。高い物もはたらいて（尽力して）安く上るが安売り、悪い所もきつひ（すばらしい）もんだとおつしやって下さるのが御贔屓なり。
抑《そもそも》私見世は冥加《みょうが》は叶《かな》ひ萬事ゆきとゞかず、ふつゝかなる烟草入《たばこいれ》もきつひもんだと、各々様《おのおのさま》の御贔屓つよく、やれうれるははやるはとござつて小田原外郎《ういろう》同前

(然)に、此間《このあいだ》は外々《ほかほか》に私名前の偽物《にせもの》が出来、鵜《う》の真似《まね》する烏組《からすぐみ》、せり売りふり売り等《とう》に仕り候よし、誠や西施《せいし》矉《ひん》すれば醜人《しゅうじん》矉し、路考《ろこう》が唇《くちびる》腮《あご》を出せば、おさんも唇あごを出し、飛脚がはしれば躄《いざり》もあせり、雁がとべば秦亀《いしがめ》もぢだんだ、宜哉《むべなるかな》お月さまを鍋焼《なべやき》に仕り、焼味噌《やきみそ》に鼻緒《はなお》をすげ、糸瓜《へちま》の皮を金唐革《きんからかわ》と欺《あざむい》て、各々様の御眼《おんまなこ》をくらませ候段、恐多《おそれおお》く御座候得《そうらえ》共、遠州浜松は広いやうでも狭く、天地乾坤《けんこん》は狭いやうでも広く、大海《たいかい》は手でふさがれず、葭《よし》の髄《ずい》より天上穿鑿《てんじょうせんさく》いらぬ事と捨て置き、贋《にせ》られてだまつて居るも世の中、贋《にせ》て利分《りぶん》をせしめるも世の中、四海はみな兄弟《けいてい》、同商売はみな親類と悟《さと》り候得《そうらえ》ば、ちつとも恨《うらみ》は無御座《ござなく》、商売忌敵《いみがたき》とは小人《しょうにん》の譬《たとえ》にして、人はわるかれ我よかれとは豈君子《あにくんし》のせりふならんや。畢竟《ひっきょう》およばぬ案《あん》じけちな趣向の烟包《たばこいれ》も偽《にせ》らるゝほどに相成候《あいなりそうらわ》ば、各々様の御贔屓の御精力つよきゆゑと難有《ありがたく》、御厚恩《ごこうおん》の程片時《へんじ》も忘れ不申候《もうさずそろ》。

附《つき》ましては、当九月中旬より新《しん》もの紙烟草入《かみたばこいれ》売出し、別してめづらしき品々多く仕入候間、伏冀《ふしてこいねがう》は高尾が身の代《しろ》夜鷹《よたか》の揚代《あげだい》千両廿四銅《どう》の多少にかぎらず御用被レ為ニ仰付一《おおせつけなされ》、御見捨なくひいきしてもらはにやお飯がたゞられぬ、かはいがつてやつて可被下候《くださるべくそろ》。

一、妹背形《いもせがた》御烟草入《おんたばこいれ》

○これは御たばこ入の中へ御やうじ御ひうち御くすり御きせるみがき等おさまり、かなものをひらけば、すぐさまきせるほしりとなり、しごくりかんなる新形なり。

一、富貴形御楊枝入《ふうきがたおんようじいれ》

○そのつぎのりかんは御やうじ入御くすり入両様兼備《けんび》の新形にて、かさばらぬところが妙。

甲寅《きのえとら》の耳かゆく

よいことをきく月

慾《よく》げはみぢんもなき日

かくべつ御こんいの御方様にても、かけうりかたく不仕候《つかまつらざるそろ》。もつとも、のちがた、ぢきさまもたせてよこすからなどゝおつしやるたぐひも、御ようしやにあづかりたし。

実際に贋物が出まわるほど、京伝店《だな》特製の紙製金唐革の煙草入れは、その洋風の豪華で洒落たデザインといい、使い勝手のよさといい、粋で新しいもの好きの江戸っ子ばかりか、京都・大坂に取次販売所を設けるほどに好評を博して売れたのだが、この引札文を読んだ蜀山人は、うむうと唸《うな》っていったものである。

「贋物が出まわったのを逆手にとって、それほどの人気だと、重ね詞《ことば》、掛け詞、地口、軽口を叩いて洒落のめし、笑いをさそう引札文のうまさは、京伝ならではだねえ。だれも真似ができませんねえ」

四

亡妻菊の喪が明けたので、相州浦賀、伊豆三島、駿河沼津などを百日余かけて遊歴して江戸にもどった京伝は、その年、寛政七年（一七九五）五月と七月の芝愛宕《あたご》神社の縁日で、判《はん》じ絵《え》風引札を配った。

ここにその現品を示せないのは残念だが、絵と文がおもしろおかしく巧みに混交したもので、絵は香炉あり斧《おの》あり碁盤《ごばん》あり提灯《ちょうちん》ありで、絵解きしながら文章が解読できる一種のパズルである。後年、文豪幸田露伴《こうだろはん》が苦心して解読したものをもとに掲げれば、次のようだ。

新形紙烟草入品々
売出し申候

乍憚口上《はばかりながらこうじょう》（香と錠との間は返り点を打ってある）

先以《まずもっ》て（手）各々《おのおの》（斧《おの》が二つ）様益々《さまますます》（桝《ます》が二つ）御《ご》（碁盤）機嫌《きげん》（鬼剣《きけん》）能御《よくご》座《ざ》（筵《ござ》）被遊珍重《あそばされちんちょう》（逆さにした提灯《ちょうちん》）に存じ奉《たてまつ》り（楯魔《たてま》釣《つり》）候《そろ》（算盤《そろばん》の半分）。従て私《わたくし》（綿《わた》と櫛《くし》）みせの儀《ぎ》日《ひ》に増し繁昌（半鐘《はんしょう》に濁点を打つ）仕《つかまつ》り（柄祭《つかまつ》り）有《あ》り（蟻《あり》）難《かた》き（䲦《かたき》）仕合《しあわせ》に奉存候《ぞんじたてまつりそろ》（逆さの老僧）。然《しか》れば（鹿と葉）今歳《ことし》（訥《とつ》氏《し》の紋）も相不レ変《あいかわらず》（瓦《かわら》）紙烟草入《かみたばこいれ》の儀《ぎ》当風《とうふう》（小《お》野道風《ののとうふう》）に相叶《あいかな》ひ候《そうろう》。古《こ》今《こん》（児に狐にて児《こ》コン）珍《めずら》しき（目と面《つら》と四季の花鳥風月）新形工《しんがたく》夫《ふう》（作者の姿）仕品々《つかまつりしなじな》仕《し》入《いれ》、此節売出《このせつうりだ》し申し（夜《よ》鷹《たか》の客を呼ぶ姿にマヲシとつける）候。多少（田圃《たんぼ》と笙《しょう》）に不レ限《かぎらず》（鍵《かぎ》）御用《ごよう》（酒屋の御用）仰《おお》（将棋《しょうぎ》の王将）せ被レ附下《つけられくだ》さる（九太夫が半分猿となる姿）べく偏《ひとえ》（一重の花）にこひ（肥料《こえ》）奉ニ願上一候《ねがいあげたてまつりそろ》。

御鼻紙袋類品々　山東京伝店

江戸京橋銀座壱丁目　京屋伝蔵

この判じ物の引札は話題を呼んで、謎解き好きの江戸っ子老若男女が欲しがったので、紙煙草入れの包装紙に使うと、この判じ物の引札欲しさに煙草入れが飛ぶように売れたほどである。

包装紙を広告メディアとして活用したこの販売戦略は、世界でも京伝が最初であろう。

この年、おなじ銀座一丁目の、父の差配地の医師の家で土蔵つきの広い家を買いとって店を移転した京伝は、その後、裂地《きれじ》煙草入れ、京伝張り煙管などの喫煙具だけでなく、「読書丸」「小児無病丸」「家伝奇応丸」などの薬、「月宮美人香」と名づけた白粉《おしろい》などの化粧品のほかに、京伝自画賛の扇や短冊、弟京山《きょうざん》が篆刻《てんこく》した水晶印・銅印なども京伝店の商品とした。そして、自作刊行本にそれらの広告をのせて宣伝した。

売れっ子作家の京伝は、頼まれれば他店や他の商品の引札文も書いた。

その中から、在原業平《ありわらのなりひら》の東下りの折りの歌、

　名にしおはばいざ言問はむ都鳥
　　わが思ふ人はありやなしやと

を踏んだ、「風流業平飯《ふうりゅうなりひらめし》」の広告文《コピー》を一篇だけお目にかけておこう。

　月の武蔵のひらけてより花の吾妻《あづま》の賑《にぎ》はひなるや、花の上野にたち並ぶ土手の桜も春過て夏ハ涼ミの舟あそび、月すミだ川の秋暮て、雪をみめぐりまつち山、松の千とせも万代《よろずよ》も、あとたれ玉ふ浅草寺《せんそうじ》、大慈大悲の知恵の海、わたりくふべし料理

ハさま〴〵。四季をり〳〵の献立に、野菜の種々《くさぐさ》魚鳥のさま〴〵、新しき巧《たく》む四方《よも》の料理家多かる中、礎《いしづき》かたき岩付町《いわつきちょう》に、よき商《あきな》ひをみの屋といへる料理店、御贔《ごひ》屓《き》御陰《おかげ》をもつて日にまし賑《にぎわ》ふ御礼旁《おんれいかたがた》何をがなと考あたりし此度《こたび》の新製は、お蔵《くら》蜆《しじみ》の名にゆかりて、業平《なりひら》めしとなづけたるハ、みかけよからぬ主が工夫、風雅はむねにあり原や、参会仕立ての器《うつわ》さへこと〴〵く新たにして、蒔絵《まきえ》の模様ハ都鳥《みやこどり》、いざこと問んとすミだ川の末ながく、売出しのあたる日より来つゝ馴《なれ》にし美濃久江《みのきゅう》もおんかへりミを玉ハらバ、あるじが幸甚《さいわいはなはだ》しから舞《む》。

二年前の寛政五年七月に松平定信が老中首座と将軍補佐役を罷免《ひめん》されて、改革に一応の幕が引かれたものの、その後も幕府は華美な風俗の取締りをしてはいた。しかし、人びとはしたたかに楽しみを求めた。

お菊が死んで四年後の寛政九年（一七九七）の春、新吉原玉屋の遊女玉の井と深く馴染むようになった京伝は、三年後の春、玉の井（百合）を落籍《ひか》して二度目の妻とした。京伝四十歳、百合二十三歳であった。

この間、黄表紙から読本に転じた京伝は、『忠臣水滸伝』前編を出版、その後編を再婚した翌年の享和《きょうわ》元年（一八〇一）に上梓《じょうし》した。

そして、百合と再婚してからの京伝は、二度と遊里に足をふみ入れることはなかった。

遊女はいずれも不幸な身の上だが、百合の家族はとりわけ悲惨な状態にあった。

京伝と百合のあいだに子ができなかったので、京伝は年季奉公に出ていた百合の弟を養子に迎えようと考えたが、この弟は胸を患って死んだ。京伝は、貧しい家にもらわれていた七つの百合の妹の鶴を、養育金を払って手元に引きとり、書画・三味線・活花などを習わせて可愛《かわい》がった。

馬琴は、遊女上がりの妻を二度までも京伝が娶《めと》ったことを軽蔑《けいべつ》したが、百合についてはおよそ次のように書いた。

——店で売る薬の調合を手伝い、売買の事、金銭の出納、一切これを行って怠ることはない。京伝は二階で著作するのみだが、百合は遊女であったのに似合わずその行い正しく、世事に明るく、褒める者が多い。

醜女な上に頭痛持ちのやきもち焼きで愚痴っぽい女房のお百といざこざが絶えなかった馬琴には、京伝が二度までも妻とした遊女のお菊と百合は、羨ましい女性たちだったのだろう。

京伝が四十二歳になった享和二年（一八〇二）正月、蔦重が出版した十返舎一九《じっぺんしゃいっく》の滑稽本《こっけいぼん》『浮世道中膝栗毛《うきよどうちゅうひざくりげ》』初編が、大好評を博した。一九は九年前に大坂から江戸に下って、蔦重のもとに身を寄せて、戯作に励んでいたのである。神田の怠け者の弥次郎兵衛《やじろべえ》が居候の喜多八《きたはち》とつれだって東海道の旅に出る同書は、第三編から『東海道中膝栗毛』と改題されて、八編十七冊まで書きつがれて刊行され、空前のロングセラーとなるのである。

一方、この年、京伝は画賛物の贋作《がんさく》に悩まされ、自画賛千幅を限りとして以後は筆を絶つことを宣言して、自署・実印のないものは贋物とした。そして翌年、浅草寺伝法院での信州善光寺如来の開帳をあてこんで、浅草並木町に菓子店を開いたが、この思惑ははずれて、損をした。

その三年後、文化三年（一八〇六）三月四日、江戸の大火で京伝は家を焼失した。土蔵だけはかろうじて残ったが、仮屋を建てた屋根に瓦のかわりに蠣殻《かきがら》を並べて住まうといったありさまである。

この年、馬琴が読本の傑作『椿説弓張月《ちんせつゆみはりづき》』前編をついに出版し、人気を得た。

「彼奴《きゃっ》が……！」

京伝は内心おだやかではなかった。一時は弟子とした馬琴だが、馬琴自身が「自分は石灰で固めたごとき人間」というその堅物ぶりが、粋人の京伝には馴染めないばかりではない。名声の昇りつめた自分に対して、相手は日の出の勢いで傑作をものしてきた同業者である。すでに京伝は四十六歳、遊里への関心までが薄れて、ちかごろ我ながら涙もろく、人が好くなっている。

事実、京伝はこの翌年、養女に迎えた鶴に死なれて、力を落し、かわりに百合の外叔母の盲目の尼を引きとって扶養する人の好さである。

その翌年には、馬琴は『椿説弓張月』後編を出版して、ますます人気を高めてゆく。そして、大長編の大傑作『南総里見八犬伝』を書き上げることになるのである。

京伝も負けじと読本、滑稽本や『骨董集』などの考証物を書きつづけたが、往年のごとき冴《さ》えはなく、文化十三年（一八一六）、五十六歳の夏から秋にかけて脚気《かつけ》を患い、九月七日、山東京伝は江戸文化爛熟のこの世を去った。

息を引きとる三刻《みどき》（六時間）前まで、京伝は執筆の筆を握っていた。

士魂商才の人——薩摩藩士　五代才助（友厚）

「エゲレスの横暴というものでごわんそ。じゃっどん、賠償金の二万五千ポンドは払いもんそ。ほいじゃっでグラバーどん、お国の代理公使ニールに会わしてたもンせ」

テーブルに両手をついて、五代才助《ごだいさいすけ》はいった。通訳の堀孝之《ほりたかゆき》も驚いたが、イギリスの武器商人トーマス・ブラック・グラバーは、のけぞるほどに驚愕《きょうがく》し、落ちくぼんだその碧眼《へきがん》をみはった。

薩摩藩長崎藩邸の船奉行副役《そえやく》ごときのいえることではなかった。

五代才助がオランダ語と多少の英語を解する以上に、長崎にきて四年になるグラバーは日本語ができる。二人は二年前に才助が薩摩藩の汽船購入の斡旋《あっせん》をグラバーに依頼して以来の間柄で、今年一月にはやはり汽船購入で一緒に上海へ渡り一層親密になったのである。

堀の通訳ぬきで、二人の会話はつづいた。

「しかし、五代どん、あなたの薩摩藩は犯人の引渡しも賠償金の支払いも拒否しているのではありませんか」

怪訝《けげん》そうにグラバーは訊《たず》ねた。

「おいの一存でごわす。じゃっどん、そんな金は鹿児島《かごんま》のお城にもここ長崎の藩邸にも一両たりともありもはん」

二万五千ポンドは日本両なら七万七千七百両の大金である。

「……どうするのです？」

「おいが預っている藩船ば担保《かた》に二万五千ポンド、おはんが貸して下さらんか。その金ばニールが長崎にきたら叩きつけて、談判ばしもそ。グラバーどん、あんたも儲《もうか》る。いかがなもんでごわんそかい？」

「オー・アイム・サプライズド。ばってん、五代どんらしか肝《きも》の太か考えですばい」

グラバーは肩をすくめて長崎弁でいい、それが満足したときの癖の、鼻下の髭《ひげ》をひねりながら声をたてて笑った。才助も大笑し、昨年八月におきた生麦《なまむぎ》事件について弁じたてた。

昨年、文久《ぶんきゅう》二年（一八六二）八月二十一日、江戸を発して帰国の途についた薩摩藩の島津《しまづ》久光《ひさみつ》の行列が神奈川に近い生麦村にさしかかったとき、事件はおこった。上海から横浜にきていたイギリス商人リチャードソンと香港からきていたボロデール夫人および横浜居留地在住のイギリス商人二人の計四人が街道を乗馬でやってきて、久光の行列を横ぎろうとして供頭《ともがしら》の奈良原喜左衛門《ならはらきざえもん》と海江田信義《かいえだのぶよし》の無礼討ちにあい、リチャードソンは死に、他の二人も重傷を負い、ボロデール夫人のみが無事に横浜に帰りついた。

　久光の行列はそのまま西上し、事件については、「異人が行列に馬を乗り入れたので、足軽の岡野新助と申す者が斬り捨てたが、その新助は行方をくらまし候《そうろう》」と幕府に届け出た。

　一方、イギリス代理公使ニールは、条約に規定された遊歩地域内で白昼に無抵抗なイギリス人が殺傷されたことは幕府の責任であると強硬に抗議した。そして、今年文久三年（一八六三）二月、本国政府の訓令にもとづいて、謝罪と賠償金十万ポンドを幕府に要求し、二十日以内に返答するよう、横浜に入港した十二隻のイギリス大艦隊で幕府を威圧した。さらに薩摩藩に対しては、犯人の逮捕・処刑と賠償金二万五千ポンドを要求してきたのである。幕府は応ずるほかはなく、二十日間の期限切れ前日に賠償金を支払った。しかし、薩摩藩は応じなかった。異人を斬ったと届け出た岡野新助なる足軽は、架空の藩士だった。

　すると、キューバー提督ひきいるイギリス艦隊七隻が、武力で薩摩藩を屈服させようと六月二十二日、横浜を出航して鹿児島にむかったとの報せが、才助のいる長崎の薩摩藩邸に入った。

——エゲレス艦隊は長崎に寄って、石炭・食糧を補給してから鹿児島へ行くじゃろう。

そう判断した才助は、藩の一大事をおのれの才覚で乗り切ろうと、急ぎグラバー商会を訪ね、グラバーに面会したというわけである。

「グラバーどん、こん事件はわが国の祖法にもとづいてリチャードソンらは斬られたもので、エゲレスの要求する薩摩藩士の引渡しと処刑ならびに賠償金は、まったく不当でごわんそ。弱腰の幕府が十万ポンドもの銀を支払ったのは、ずっ、さ、ら、し、か（情けない）。じゃっどん、いまの幕府の軍備ではエゲレスにもアメリカにもフランスにも勝てもはん。わが藩とていまだ力不足でごわす。鹿児島《かごんま》が敵艦隊の砲撃で焦土と化すは必定。じゃによって、おいがエゲレス軍艦に乗り込み、ニールのつらに二万五千ポンドを叩きつけて談判し、横浜へ帰港させもンそ。そん僭越《せんえつ》の責ば負って、切腹ばする覚悟でごわす。おいは上海へ二度も行って……」

喋《しゃべ》り出すとこの男は止まらない。

五代才助は薩摩藩きっての、いや西国雄藩中でも一、二の雄弁家であった。そしていま死を覚悟していた。

二

五代才助は、天保《てんぽう》六年（一八三五）、薩摩藩の儒官の次男として生まれた。幼名を徳助《とくすけ》といったが、藩主島津斉彬《なりあきら》によって「才助」と命名されたほど幼少にして才覚にすぐれていた。十二歳で藩校の聖堂に入って文武を修業、十四歳のとき世界地図を二枚模写して一枚を藩公に献じ、一枚を自分の部屋にかかげてイギリスの隆盛なるを思い、わが国もかくあるべしと痛感した。そして十九歳のとき父を失う。ペリー艦隊四隻が浦賀に来航した年である。

安政四年（一八五七）、二十三歳の才助は長崎に遊学、幕府の海軍伝習所の伝習生として、航海術、測量術、砲術、オランダ語、数学などを学んだ。伝習生幹部に幕府小普請組《こぶしんぐみ》の勝麟太郎《りんたろう》（海舟）がおり、薩摩藩からは才助のほかに十六名で、幕臣の榎本釜次郎《えのもとかまじろう》（武揚《たけあき》）も伝習生の一人であった。

この長崎海軍伝習所で十二歳年長の勝麟太郎との出会いが、才助に日本を世界の大局から見る目をさらに開かせた。勝はこういった。

「五代君、わが国は幕府だ、藩だ、やれ攘夷《じょうい》だなどと騒いでいるときではない。外国と積極的に交易して、その利益で海防力を強化することが急務だよ。軍艦も商船も最新の蒸気船を買い入れねばならない。海外交易でえた資金で軍事力を高め、国が富めば、列強諸国と対等につきあうことができる」

才助は積極的な開国論者となった。

翌安政五年（一八五八）七月、藩主斉彬公の急逝により、帰国を命ぜられて鹿児島にもどった才助は、外国船購入の要を新藩主忠義《ただよし》に建言した。そして翌年ふたたび長崎へ遊学した。藩が才助の建言をいれてイギリス製蒸気船イングランド号を十三万八千ドルで購入して天祐丸《てんゆうまる》と名づけたのは、翌万延《まんえん》元年（一八六〇）であった。

文久二年一月、才助は長崎にいて藩の船奉行副役となり、翌年一月、外国汽船購入のためグラバーと上海に渡ることになった。二度目の上海行きである。

五年前、安政五年にアメリカと通商条約をようやく締結した幕府は、ロシア、イギリス、フランス、オランダとも通商条約を結び、翌年六月から神奈川（横浜）・長崎・箱館の三港での貿易を許し、三年前の万延元年には、日米通商条約批准《ひじゅん》の使節をアメリカ軍艦ポーハタン号と勝海舟船長の随行船咸臨丸《かんりんまる》で渡米させ、一昨年文久元年（一八六一）十二月には、三十六名からなる第一回遣欧使節をイギリス軍艦オーデン号で派遣したのだった。このなかには、咸臨丸で渡米した福沢諭吉や薩摩藩で才助と友人の松木弘安《こうあん》も加わっていた。

才助はその翌々年の上海行きである。船はグラバーに出資しているイギリスのジャーデン・マセソン商会所有の蒸気船で、この商会は香港に本社をもつアヘン大商人であり武器その他を扱う大綜合商社で、横浜へも開港後いち早く乗り込んできていた。

才助は藩命での上海行きとはいえ、幕府の許可をえていないから密航である。グラバーの従者ということでひそかに乗船し、上海へむかった。

東シナ海を渡り、黄浦江《こうほこう》を溯《さかのぼ》る。夕刻、西の空に火焔《かえん》が上がり、黒煙が天を焦《こが》した。

「長髪賊です」

と、グラバーが教えてくれた。

アヘン戦争でイギリスに侵略されて香港島を領有され、上海その他を開港した清国は、太平天国の乱で乱れてもいたのである。

上海は黄浦江の左岸にある大都市で、港にはイギリス軍艦と商船をはじめ欧米諸国の船舶がおびただしく碇泊《ていはく》し、海岸通り《バンド》には各国の領事館、商館、銀行の白亜の洋館が整然と建ち並び、波止場は荷揚げの清国人人夫《クーリー》でごったがえしていた。その弁髪《べんぱつ》の人夫たちはボロ着をまとい、痩《や》せこけている。

——これが大英帝国エゲレスに敗れた東洋の大国の姿か。

才助は胸が締めつけられる思いに襲われると同時に、

——勝どんのいう通りでごわす。

と、貿易立国・富国強兵の志をあらたにした。そして、グラバーとともに蒸気船購入の交渉にあたり、イギリス船サー・ジョージ・グレー号（蒸気内車・鉄船・九〇馬力・四九二トン）を八万五千ドルで購入した。鹿児島に廻航された同船は青鷹丸《せいようまる》と名づけられた。

その前年に才助は、四月に幕府の貿易船千歳丸《せんざいまる》に乗り込み、はじめて上海へ渡航していた。忙しい男である。その船中、高杉晋作《しんさく》と出会った。

過激に走る西国雄藩に手を焼いていた幕府は、幕府初の貿易船に西国諸藩の有為の士も同行させたので、長州藩・薩摩藩・佐賀藩などから選ばれた藩士が幕府の役人や商人たちとともに乗船した。高杉晋作もその一人だった。

海は出航の翌日から大時化《おおしけ》となった。千歳丸は旧式のイギリス製三本マストの帆船である。木の葉のように揺れた。晋作をはじめ乗船の日本人は船酔いに苦しんだが、海軍伝習所で船に慣れていて水夫として乗り組んだ才助は、イギリス人水夫とともに平気で働いた。ようやく暴風雨が去った翌朝、才助は甲板に出てきた晋作に声をかけた。

「やあ、高杉どん、船酔いば治りもしたか」

乗船のとき挨拶《あいさつ》を交わしただけだが、才助には相手が誰であろうと知己に話しかけるような気さくさがある。

「五代君は船に強いようだな」

晋作も親しげに言葉をかえしてきて、

「君は薩摩藩の武士じゃろうに、なぜ異人と一緒に水夫ばしとる?」

と、怪訝《けげん》そうに訊ねた。

「実は藩公の許しばえたときは、一行の名簿が提出された後じゃったで、水夫として乗りもした。じゃっどん、おいは船が好きでごわす」

「おれは船は性にあわん。疎《そ》にして狂《きょう》じゃからな」

〈疎にして狂〉とはそのころの晋作の口癖だった。

「狂……まっことよかでごわす」

才助はわが意をえたりといった。

「おいは蒸気船狂いじゃ。すぐれた蒸気船ば買うて海外貿易で百利をうる時代でごわんそ」

上海に滞在中、四歳年下の晋作と肝胆相照らす仲となり、吉田松陰に師事したことのある晋作から憂国の志を学んだ。

才助はこのときの上海行きでは、よりすぐれた外国製蒸気軍艦の物色などの市況調査が主な仕事であったが、アヘン戦争でイギリス艦隊が用いたときくアームストロング砲の仕組みを実際に見て研究したいと思い、その努力もした。

イギリスの企業家ウィリアム・アームストロングが開発したこの砲は、砲の常識をやぶった最新兵器だった。これまでの砲は、筒口から発射薬を棒で押し入れ、次に丸い弾丸を転がし込んで点火して発射し、砲弾は炸裂《さくれつ》しない。ところがアームストロング砲は、砲身の内側に螺旋《らせん》状の条線が刻んであるので砲弾に回転をあたえ、射程距離と命中率を飛躍的に向上させ、後装式なので操作が迅速にできるばかりか砲身が過熱せず、普通砲の十倍以上の発射能力がある。しかも、弾丸は球形ではなく椎の実のような尖頭《せんとう》弾で、信管がついていて、着弾すると爆発する。

才助は黄浦江の港に碇泊しているイギリス軍艦に乗船してアームストロング砲を実際に見学することはできなかったが、その仕組みをくわしく学んだ。

薩摩藩の砲は、砲台のものも軍艦の搭載砲も射程距離が短く、弾丸は爆発しない旧式なものがほとんどであった。

——アームストロング砲が欲しい。

上海からもどってからもそう思いつづけながら才助は、今年三月にはアメリカ製蒸気船コンテスト号を九万五千ドルで長崎で買い入れて白鳳丸《はくほうまる》と命名するなど、薩摩藩の船舶増強に努めてきた。

そして、鹿児島にむけてイギリス艦隊出航の報に接したのだった。

——エゲレス艦隊のアームストロング砲にまっことわが藩はかなうわけはなか。

そこで才助は命を賭《と》した一計を案じたのである。才助、二十九歳であった。

三

「敵艦ば見えたぞ！」

六月二十七日夕刻、物見櫓《やぐら》からの大声が告げた。その日の朝、鹿児島湾口に姿を現わしたイギリス艦隊七隻は、湾内深く進入し、鹿児島市街からおよそ三里（十二キロ）の距離にある七ッ島付近に近づいた。

ニール代理公使を乗せたキューーバー提督ひきいるイギリス艦隊は、長崎へは寄らずに鹿児島へ直行したのである。

薩摩藩では各砲台の砲口を一斉に海にむけて待ちうけていた。海中には三箇の水雷も大急ぎで敷設《ふせつ》した。緊張のうちに一夜が明けると、イギリス艦隊は前の浜沖に単縦列の陣形で投錨《とうびょう》した。薩摩側から軍役奉行折田《おりた》平八《へいはち》らを乗せた小舟がイギリス艦隊旗艦ユーリアラス号へ漕ぎよせ、書面の往復での談判がはじまったが、埒《らち》が明かない。

「なぜ交渉などばしとるか。攘夷じゃ、攘夷！」

「大久保どんは何ば愚図ついとるか」

海岸の砲台では、攘夷派の藩士の怒号がとぶ。久光公側近の若い大久保一蔵《いちぞう》（利《とし》通《みち》）を槍玉《やりだま》にあげて、苛立《いらだ》ちをおさえているのだが、

「五代どんはどうした？　外夷かぶれの才助は長崎からもどりもしたか」

その声もあがった。

前藩主斉彬公に目をかけられ、斉彬公死後は現藩主の父で後見役の久光公から船奉行副役に抜擢されて上海に渡り、外国船購入の功で評判のよい才助は、攘夷派の武硬派からは、

――侍のくせに商人《あきんど》の真似ばしちょる。

と、嫌われている。加えるに才助は開国論者である。

「エゲレス艦へ砲弾をぶちこむまえに、才助ば血祭にあげッか！」

そうわめく者までいた。

「あっ、才助じゃ」

五代才助はイギリス艦隊が予想に反して鹿児島湾へ直行したと知ると、通訳堀とともに馬に鞭《むち》うって急ぎ帰国したのである。鹿児島に着くと、家老や大久保に戦っても勝ちめのないことをのべた。しかし、ヨーロッパから帰国したばかりで船奉行となった松木弘安とともに天祐丸、青鷹丸、白鳳丸の三隻を指揮すべく、急いで浜にきたのである。

才助は攘夷派の藩士たちへは目もくれずに艀《はしけ》に飛び乗り、弘安と天祐丸へむかった。

薩摩側の一方では、イギリス軍艦を奪いとる計画が実行に移された。示現《じげん》流の達者ばかり九十八人が西瓜《すいか》売りに化けて小舟十六隻に分乗し、イギリス軍艦に近づいた。が、これは相手に見破られて、失敗に終わった。

談判はととのわず、ついに七月二日、イギリス側が突然の行動に出た。要求が通るまで薩摩側の外国製蒸気船三隻を捕獲しておくのも一策——とニールが考えたのである。

二日の夜明け、天祐丸にいた才助と弘安が気づいたときには、イギリス軍艦三隻に囲まれ、砲をむけられていた。わが方の蒸気船三隻は旧式の砲をわずかに搭載しているだけである。

——斬り死にしもそうか。

二人は無言でたがいの目を見た。

「犬死にでごわんど」

と、弘安がいった。遣欧使節に医師兼通訳として参加した弘安は、才助同様にイギリス軍艦の砲の威力を知っていた。

「捕虜となる、天祐でごわす」

と、才助はいった。捕虜となれば、ニールに会って得意の弁舌で談判することもできれば、イギリス軍艦搭載のアームストロング砲の実際の仕組みと砲撃の実戦を見学することもできる。

「命ば投げ出して敵情ばさぐるもよかごわんど」

と、才助がいうと、弘安もニヤリとしてうなずいた。

二人は乗組員全員を退避させて船に残り、乗り込んできたイギリス海軍士官のあとについてイギリス艦隊の旗艦ユーリアラス号に乗り移った。腰にしていた脇差をとりあげられたが、キューーバー提督は二人に一等士官の船室をあたえ、開戦ともなれば甲板に出て戦況を視察してもよいと寛大であった。

船室の丸窓から見ていると、間もなく薩摩藩の砲台が一斉に火蓋《ひぶた》をきった。藩船三隻が拿捕《だほ》されたのを切歯扼腕《せっしやくわん》して望見していた藩兵に砲撃の命令が下ったのだ。薩摩藩の砲台は十ヵ所、備砲八十三門である。イギリス艦隊はアームストロング砲など艦載砲百一門、これが応戦して火を噴いた。

旗艦ユーリアラス号の砲撃開始は手間どった。弾薬庫の前に幕府より受領した賠償金の銀貨の木箱が積んであったので、それを移動するのに時間がかかったのである。

才助と弘安は船室を出て、アームストロング砲の砲撃をつぶさに眺め、戦況を見守った。台風が近づいていて、時折り雨が降り、烈風が吹いていた。キューバー提督が拿捕した天祐丸他二隻を焼却沈没させよとの信号をアーガス号など三艦に送ったので、三艦から砲弾が発射され、まず天祐丸に命中し、火柱が噴きあげた。青鷹丸、白鳳丸も被弾して火焔につつまれてゆく。

「わっぜえ、はがいか!(実に悔しい)」

才助は両のこぶしを握りしめ、歯がみしてうめいた。

才助が外国船購入を建言して藩最初の外国製大型蒸気船となり、文久二年には久光公が藩士をひきつれて乗船して京にむかった天祐丸。その翌年、グラバーと上海に渡って才助が購入した青鷹丸。そしてその年、これまた才助が長崎で買い入れた白鳳丸。わが子とも思うその三隻が目の前で火だるまとなり、この鹿児島湾に沈んでゆく。

——すすんで捕虜などにならず、男らしゅう戦うべきであったか……。

才助の目に涙がにじんだ。

しかし、才助のいるユーリアラス号も被弾した。第七台場から発射された球形弾が艦橋に命中したのだ。しかも、そこにいたジョスリング艦長とウィルモット中佐が即死した。艦内が大騒ぎとなり、キューバー提督が艦首を転じよと命じている。他の艦も薩摩側の砲弾が命中して後退している。イギリス艦隊の多くの艦が薩摩側の砲の射程距離内に入っていたのである。

才助は弘安と顔を見あわせて叫んだ。

「ちぇすとー（それ行け）！　撃て撃て、もっと撃て！」

しかし、薩摩藩の戦況の有利は長くはつづかなかった。薩摩側の射程距離外へ退いたイギリス艦隊が薩摩側の四倍以上も射程距離のあるアームストロング砲の砲弾をあびせたからである。薩摩藩の諸砲台は破壊されて鳴りをひそめ、湾内に碇泊していた琉球貿易船も焼かれた。さらに、鹿児島の城下に火の手があがった。アームストロング砲の砲弾が街を破壊し焼いただけでなく、火箭《ロケット》も撃ち込まれたのだ。吹きつのる烈風に火焔があおられて、燃えひろがってゆく。

やがてイギリス側は砲撃をやめた。夜が訪れていた。

才助と弘安が船室にもどっていると、ニール代理公使が会いたいと、士官が伝えてきた。二人は士官のあとについて艦長室に入った。ニールとキューバー提督が待っていて、他の艦の艦長たちも疲れた顔の額をあつめていた。旗艦の艦長と中佐を失い、各艦も被弾してかなりまいっている様子である。

「わが艦での観戦はいかがでした？」

と、キューバー提督がまず声をかけてきた。弘安はオランダ語のほかに英語が達者である。才助もその程度の英語はわかる。

「存分に観戦してごわす。今日の戦いは五分五分でごわんそ」

才助は胸を張っていった。弘安が通訳し、会話はすすんだ。ニールが薩摩軍の兵力をきいた。明日も戦うつもりらしい。

「十万」

と、才助は即座に答えた。すると驚いて提督とちらと目を見あわせたニールは、

「薩摩と長州はどちらが強いか」

と、質問してきた。

「まっこと強かとは薩摩じゃ。長州より弱か藩はこの日本にどこにもごわはん」

弘安はくすりと笑ったが、そのまま通訳した。ほぼ一月前、あの高杉晋作のいる長州藩は下関海峡通過のアメリカ船を砲撃し、さらにフランス軍艦とオランダ軍艦をも砲撃、晋作は奇兵隊を組織したにもかかわらず、アメリカ・フランス連合艦隊の反撃にあって大敗を喫したばかりだったのである。

才助は重ねて熱弁をふるった。薩摩藩には十万のサムライがいること。いずれも剣の達人で、薩摩藩は武をもって海内《かいだい》に鳴りひびいており、もしイギリス軍が上陸するようなことがあれば、白兵戦を得意とする剣の達人十万のサムライ軍団が、イギリス兵を一人たりとも艦に帰すことはない。それればかりか各艦に決死の斬り込みをかけ、将兵を皆殺しにした上で、この旗艦に積まれている幕府からの賠償金も頂戴するであろう、といった。

才助の弁舌に目をみはったニールとキューバーは、弘安の通訳の英語をきくと、その一語一語にうなずいて、たがいに顔を見あわせた。

才助はこれ以上鹿児島城下が戦火の被害をうけぬよう必死だった。いま藩を救えるのはおのれの弁舌しかない。才助は、論を生麦事件に移して、イギリス側の要求が清国ではいざ知らずこの日本では通らないことを論じたてた。

武士でありながら才助は、武術をもってではなく、話術をもって論を展開して戦った。

翌日、イギリス艦隊は桜島砲台を砲撃しただけで湾口に退却し、各艦の応急修理を終えると、鹿児島湾を離れて横浜への帰航の途についた。才助の弁論は功を奏したのである。

「負け戦《ゆっさ》をして、鹿児島《かごんま》の攘夷派もはじめて開国の必要を感じたことでごわんど」

と、船中、才助は弘安にいった。

しかし、戦わずして外夷の捕虜となって横浜へ拉致《らち》された才助と弘安は、薩摩藩の攘夷派からは武士の風上にもおけぬ卑怯者《ひきょう》、イギリスに薩摩の情報を流した売国奴と罵《のの》られていた。才助もそれを感じながら、横浜港のイギリス艦内で切腹して果てようと心を決めた。

が、その死の覚悟が二人を救うことになった。ニール代理公使とキューパー提督は、捕虜とした二人が自殺をすれば、薩摩の江戸藩邸の武士が大挙して艦内に斬り込んでくるやもしれぬと恐れ、かねて両人と面識のあった英国領事ガオルの斡旋もあって、才助と弘安をボートに乗せてひそかに脱出させた。

しかし、イギリス艦からは自由になったとはいえ、士道にもとる行いをしたのだから江戸の薩摩藩邸へは入れないし、攘夷過激派の志士たちからの身の危険もある。そこで、長崎の海軍伝習所で懇意だった医師の松本良順《りょうじゅん》が江戸で開いていた塾を訪ねて相談に及んだ。良順は、潜伏場所は江戸市中では危険だから、武州熊谷《くまがや》在奈良村の豪農吉田六左衛門《ろくざえもん》方がよかろうという。六左衛門は国事を憂いて東西に奔走し、志士の間に知られた人物で、良順の知己でもあった。

才助と弘安は藩論が宥和《ゆうわ》するまで吉田家に潜伏した。

年が明けて元治元年（一八六四）一月、才助ひとりが吉田家を出て、川路要蔵と変名して長崎へひそかに帰り、グラバー邸などに身をかくした。家老の小松帯刀《たてわき》が同情して、上海への密航をすすめたが、これを辞退。そして幾度か暗殺の危機にさらされたが、国情を英艦に流したとの冤罪《えんざい》がようやく晴れて藩への復帰が許されたのは、その年五月であった。そればかりか、才助の弁舌は頑迷固陋《がんめいころう》な攘夷派の面々を開国論者に急変させさえした。

才助はこの時を逃さず、外国貿易による富国強兵論と攘夷派への批判、そして海外留学生派遣を進言する長大な「上申書」を藩庁に提出した。

「私事今般《こんぱん》重罪を犯し奉《たてまつ》り候《そうろう》上に、一旦は亡命に似候所業《しょぎょう》に及び、重々《じゅうじゅう》恐れ入り候へども、国家の御為め、当時天下の時変、機応の御処置、万死《ばんし》を顧《かえりみ》ず左に申上《もうしあげ》奉り候」

このようにしてはじまる上申書は、まず、尊攘派を「愚昧《ぐまい》愚鈍とはいへ東印度《インド》や清朝の轍《てつ》を踏む危険あり」と手きびしく批判し、開国の海外貿易による富国強兵策の実施こそ「地球上の道理」と述べて、現今の世界情勢を次のごとくに論じた。

「五州乱れて麻《あさ》の如し。和すれば則《すなわ》ち盟約して貿易を通じ、和せざれば則ち兵を交《まじ》へて互《たがい》にその国を襲ひ、奪呑《だつどん》す」そしてわが国の現状を「勤王攘夷を唱《とな》へ、天下に周旋、同志を集め自国の政を掌握する様大言を吐き、愚民を欺迷《ぎめい》し、その上口演にのみ走り、浪士ともに増長いたし、攘夷の功業ならずを知らず……」と歎き、わが国の急務は海外貿易にあるとして、「わが国の貿易は、まず上海・広東・天津までも御運送、盛大に御手術あひ伸《のば》し候はば、追々広大の御国益」が出ると説いて、上海貿易を、その品目、貿易の方法、利潤など具体的に述べた。

米穀《べいこく》の輸出については、大坂表で琉球国が未曾有《みぞう》の凶作であるため米穀を運送すると触れて肥前米四千石を買い入れ、大型の蒸気船に積んで出航し、水夫には琉球国へ行くともっぱらいいきかせて、出航後、上海へむかったらよい。幕府の許可をえない薩摩藩の密貿易の方法である。そして、大坂で八千両で買い入れれば、上海で売って一万一千七十五両の利益になるとのこまかい計算を付した。輸出品は米穀類のほかに、茶、白糸、昆布、白炭、杉板、干鮑《ほしあわび》、干貝などで、これらの産物を小型蒸気船で全国から定期的に買い集めて輸出することを提言した。

また、輸入品では、まず「砂糖製法蒸気機関」二十基などで、これらを沖永良部《おきのえらぶ》島など三島にすえて製糖にあたれば、「天下無双の御産物」で「瞬時に数万両の蓄財」ができると論じ、各種の機械の輸入を提案し、さらに軍艦・大砲・農耕機械などの輸入も詳細な数値をあげて説いた。

そして最後に、英仏両国へ留学生十六名と通訳一名を派遣することを上申した。その人選は――家老職より四人、攘夷論をとなえる者らから二人を選んで、軍務・地理・風俗を見分させる。郡《こおり》奉行よりの一人は農耕作機械を究めさせ、また誂《あつら》えさせる。台場・築城・砲術からは二人。藩校造士館よりの一人は英仏諸学校・病院・貧院を研究させ、細工・絵図面・機械取扱いの達者な者から三人を選ぶ――などというものである。

主にグラバーからえた世界の最新情報にもとづいたこの画期的な上申書は、藩庁を動かし、その年十一月、留学生派遣の藩命が下った。才助はさっそくグラバーに会い、便船の手配や受入れ先との交渉などの折衝をかさねた。才助の得意中の分野である。

翌慶応元年（一八六五）三月、家老新納刑部《にいろぎょうぶ》を薩摩藩の全権大使を兼ねた責任者、才助と、武州からもどって藩に復帰した松木弘安が副役となり、結局十五名の留学生と通訳堀孝之らからなる派遣団が結成された。この中にはロンドン大学に学んで後に初代文部大臣となる森金之丞《きんのじょう》（有礼《ありのり》）十九歳も入っていた。

三月二十二日、一行はグラバー商会のグラバー号で出発した。幕府の許可をえない密航である。全員、変名を使った。才助は関研蔵、弘安は出水泉蔵。すでに長州藩では先年、伊藤俊輔（博文）、井上聞多《もんた》（馨《かおる》）らがジャーデン・マセソン商会の船で密航してイギリスに留学し、帰国していた。

この時期、薩摩藩では西郷吉之助（隆盛）や大久保一蔵が京に出て日本の政治を動かそうとしていたのとは対照的に、三十一歳の五代才助は貿易立国を目指して留学生をひきつれ、世界へ乗り出したのである。

四

五月二十八日、藩としての外交使節も兼ねた留学生の一行は、ロンドンに到着した。才助は船中で丁髷《ちょんまげ》を落して断髪頭にしていた。

弘安は他の留学生らとロンドンに腰をすえたが、才助は新納とともに通訳の堀とグラバーの手代のイギリス人ホームをつれて、工業都市マンチェスターやバーミンガムなどの各地を見学した。産業革命をいち早くなしとげて世界に進出し、アヘン戦争に勝利をえた大英帝国の産業は、世界のトップにあった。才助は毎日を強い衝撃ですごし、紡績機械、騎兵銃、大砲隊小銃、歩兵小銃、短銃などを購入した。この間《かん》、ベルギー人モンブランと出会い、この国際的山師のような人物——実はフランス国籍の歴《れつき》とした男爵で、来日したこともあるこの男との交友がはじまる。

ロンドンにもどった才助は、七月、英仏海峡を渡ってベルギーに入り、モンブランと首都ブリュッセルにおもむく。その後、ドイツ、オランダ、フランスをまわり、十一月にロンドンにもどった。この旅行で才助は各国の製鉄所や工場を見学し、諸機械の発達に目をみはり、合弁貿易会社設立の意欲にかられる。そして、日本への書簡にこうしるした。

「海軍は英国に及《およば》ずといへども、陸軍は英また及ず、欧羅巴《ヨーロッパ》諸学問の開けたるは仏国の右に出るなし」

「一般欧羅巴の形勢は、国政公平にして貴賤《きせん》を論ぜず、高論あれば則《すなわ》ちこれを使ひ、人を挙《あげ》るに愛憎をもつてせず、才力を論じて、各その機を以て専任して仕《つか》ふ」

また才助はいう。ヨーロッパで最も公平な仁政はイギリス第一、ベルギー第二、フランス・ドイツ列国・オランダにも公平の国法があり、イギリスは孤島だが富国強兵なって地球上に横行し、イギリスの右に出るものなし。わが国は人質驕慢《きょうまん》にして地球上の広さを知らず、国内の動揺にむなしく歳月を費して、井中の蛙《かわず》である、と。

このヨーロッパ旅行中、才助は胸襟《きょうきん》を開いてモンブランと対話して親密となり、モンブランの別荘インゲルムンステル城に迎えられて歓待もうけた。そして、首都ブリュッセルでベルギー政府の外務政務官の来訪をうけ、ベルギー国との合弁貿易商社の設立契約の商談をし、八月、モンブランと仮契約を締結した。

またモンブランは、二年後の慶応三年（一八六七）に開催予定のパリ万国博覧会に日本も参加することを勧誘し、才助と新納はこの予備交渉をし、才助が出品の諸事務を託された。

二年後のこのパリ万国博では、幕府の「日本大君《たいくん》政府」と薩摩藩の「日本薩摩政府」が出品し、両者が日本の旗をかかげ、モンブランの発案で薩摩政府はレジョン・ドヌール勲章をかたどった薩摩琉球国勲章をつくったので、パリの新聞各紙は、大君と薩摩の太守をともにミカドの傘下にある同等の者と報じた。

さて、才助はモンブランと、軍艦・機械の購入、日本物産の輸出、鉄道・電信の開設を委任・許可する契約も結び、その年十二月二十六日、新納、堀とともにマルセイユから帰国の途についた。

地中海のマルタ港で元旦を祝い、慶応二年（一八六六）二月、才助は帰国した。

滞欧中に才助が藩庁へ郵送した十八ヵ条からなる建言の中には、ベルギー国との和親条約の締結をはじめ、諸大名同志合力の商社設立、木綿紡績機関商社の設立などのほかに、印度人・支那人を雇い入れて諸耕作をなさしむ事など日本の国際化案も含まれていた。

帰国後の才助は、御用人傭外国掛に任ぜられ、坂本龍馬のいろは丸が紀州藩の船と衝突沈没した事件の賠償交渉で調停に当たったり、薩長合弁商社設立の計画を進めたり、鹿児島紡績所の建設なども行うなど、殖産興業政策を推進したが、ベルギーとの合弁会社はついに成立には至らなかった。

慶応四年（一八六八）一月、鳥羽伏見の戦で戊辰《ぼしん》戦争が勃発《ぼっぱつ》、四月十一日、西郷と勝の会見によって江戸城の無血開城がなされ、九月八日、明治と改元、二十二日、会津藩が降伏して東北戦争は終結した。

この年二月、才助は明治新政府から外国事務局判事に任ぜられ、大阪在勤となり、九月には大阪府判事を命ぜられ、従五位に叙せられた。翌明治二年（一八六九）五月、榎本武揚の箱館五稜郭《ごりょうかく》が開城して戊辰戦争が終わり、才助は会計官権判事に任ぜられて横浜勤務を命ぜられ、神奈川通商司知事を兼任させられたが、七月四日、辞表を政府に提出して退官した。

「宮仕《みやづか》えは性に合いもさん」

友厚《ともあつ》と名を改めた才助は、外国官判事となった松木弘安に笑っていった。

「大久保どんも西郷どんも留任ばすすめてくれもすが、もともとおいは武士が苦手でありもした」

「君の性格は奔放不羈《ふき》、それでいて経済・商業にめっぽう明るい。おいは五代どんほど士魂商才の人物をほかに知らんよ」

「士魂といえば、晋作どんも龍馬どんも維新を迎えずしてこの世を去った。そうかと思えば、新しい時代に生きのびることを潔《いさぎよ》しとせずに、自刃《じじん》して果てた外国奉行川路聖謨《としあきら》のような幕臣もおる。勝どんは新時代への橋渡しをしながら、あの立派なお方が新政府へは近づかん」

ロシア使節プチャーチンとねばり強く開国交渉をかさねた開明派の幕臣川路聖謨とは面識はなかったが、これまでの人生で関わりの深かった人びとの名を口にして、今年三十五歳の五代友厚（才助）は言葉をついだ。

「おいは幸いにして上海でまず世界をつぶさに見、ヨーロッパ視察で国家の隆盛は一に商戦にあり、世界貿易による商工業の振興が人間を幸せにすると肝に銘じて学びもした。ところが幕末の日本の大商人《おおあきんど》がこれに気づく者の少ないを遺憾《いかん》に思う。だからおいは野にくだって、民間人として商工業にたずさわりとうごわす」

それからの五代友厚は、鉱山経営、製藍事業に乗り出し、大阪活版所、大阪製銅会社を設立。さらに阪堺鉄道、大阪商船、神戸桟橋会社の設立に関係するなど実業界で活躍。また大阪商人の力を結集して、堂島米商会所の再興、大阪株式取引所の創設、そして大阪商法会議所（現・商工会議所）を設立し、初代会頭となった。

明治維新後、東京が中心となって、江戸時代の繁栄を失った商業都市大阪に活を入れ、新時代の経済繁栄の基礎づくりに五代友厚は尽力した。

「東の渋沢栄一、西の五代友厚」といわれた所以《ゆえん》である。

解説

関西学院大学教授、大阪大学名誉教授　宮本又郎

「商魂」といえば、慣用句では、「たくましい」と続く。最初、この書名（原典は、二〇〇三年PHP研究所から『商魂』として出版）を見たとき、あれっと思った。『黄落』で、老々介護の日々の凄絶、世話をする息子夫婦の葛藤を赤裸々に描き、『江戸職人綺譚』で職人の清冽な生きざまを物語った佐江衆一氏が、今度は「金儲け」の小説を書いたの？　どうして？　と思ったからだった。

しかし、これはとんでもない早合点だった。この作品では、八人の江戸時代の商人が描かれているが、中心テーマとなっているのは「商略」「金儲け」ではない。佐江氏が描こうとしているのは、彼らがビジネスの成功の陰で、どのような辛酸をなめ、どのような信条、理念、心意気、モラルをもって生きたのか、である。作者にとって「商魂」とは「商人の魂」を意味するのである。

一人一話、いずれも流麗な文章をしっかりとした歴史考証が支えている。私は日本経済史、経営史といった分野を専門にしている。だから、八話のうちでは、三井八郎兵衛高利、銭屋五兵衛、中井源左衛門、五代友厚などは馴染み深い名前で、その事績

はよく知っているつもりだったが、練達の作家の筆によって、また私が抱いていたのとは異なるイメージの人物と出会うことになった。史実というものは動かし難い一つの真実のようにいわれるけれども、「歴史」というものはやはり書き手、読み手の「解釈」なのだと改めて思い知った次第で、既知の人物でありながら、「佐江解釈」を読んで、大変勉強になった。

　とはいっても、私個人としては、これらの著名な人物よりも、あまり知られていない商人たちにいっそうの魅力を感じた。

「命をはった賭け」は、そのエピソードについては真贋、さまざまの説がある、「忠臣蔵」を彩る周辺人物の一人天野屋利兵衛についての物語である。利兵衛は拷問にあいながら、大石内蔵助のために武具を調達したことを奉行所で白状しない。佐江氏は、この利兵衛の行為を、かつて赤穂城での茶入れ紛失のさい内蔵助に試されたことと関係づけて、「命をはってこんどは商人のわてが、大石内蔵助という武士の志を試したる。商人が武士を試したるんや」との心情から出たものと書いている。なるほどと思わせる解釈である。

　朱印船貿易家として交趾《コーチ》（ベトナム中部）に渡り、同地で日本人町をつくるまでに繁栄するも、鎖国令により日本への帰国が叶わず、橋を建設するなどインフラの整備に貢献をしつつ、彼の地で生涯を終えた伊勢松坂の角屋七郎兵衛の「ホイアンの日本橋」は、鎖国という国策が同種の悲劇を数多く生じさせていたであろうことを容易に想像させる。

　同業者のために奔走するうちに、誤解を生じて許婚の女性を入水にいたらしめ、それを悔いて、一生を独身で過ごした出羽最上の紅花商柊屋新次郎についての「紅花の岸」は哀切この上もない。八話のなかで私が最も胸を打たれた物語である。

「おひさは大事にしている紅花染めの赤い鼻緒の草履を脱いで岸辺にきちんとそろえると、両の手を合わせ、花ざかりの紅花畑へ踏み入れるように、そっと川に入った。花を映した日暮れの激流が、笑みを浮かべたおひさを、しっかりと抱きとった」。悲しいけれども、美しい文章だと思った。

　政治とビジネスとの危うい関係を指摘することも本書のいま一つの主題となっている。藩の経済改革に与したことによって財をなし、逆に政変によって捕らえられて獄死した加賀の海商・銭屋五兵衛の「獄死した政商」、創業者が地道な行商によって蓄財をなしたにもかかわらず、後継者が家訓を破って大名貸し商売に深入りして没落を招いた近江日野の中井源左衛門の「千両天秤」がそれにあたる。江戸の戯作者商人・山東京伝についての「金唐革の煙草入れ」も奢侈禁止令が出た寛政改革のニッチを突いた才覚人についてのもので、政治とビジネスとの関係を題材にしているといえるであろう。

ところで、江戸時代には富裕な商人、豪商が数々台頭したが、一口に豪商といっても、初期の豪商と元禄以後の豪商とでは大きな違いがあった。江戸初期の豪商といえば海外貿易や投機、海運、金貸しなど多方面のビジネスに手を広げたほか、幕府・大名に軍需品を調達したり、都市開発に協力したものが多かった。武力をもつ者もあり、大名に匹敵する土豪的商人もいた。紀伊国屋文左衛門や奈良屋茂左衛門のように幕府の材木御用商となり、大火や寺院建設ブームに乗じて富を得たのもこのタイプであった。一獲千金を夢見る冒険商人、相場師であった。蓄財はまさにかれらの個人的商才に負っていた。

この時代の経済活動には大きな危険がつきまとったが、それだけに人が知らない情報をうまく利すれば大儲けができる。紀文の有名なみかん船伝説はまさにこの例である。紀文は上野寛永寺根本中堂の建設でも五十万両の儲けを得ている。ざっと計算すると、紀文の儲けは加賀百万石の一年の収入に近い。四代目奈良茂の財産は金十二万両余と伝えられる。しかし、豪商は費消も激しかった。「きのくにやみかんのように金をまき」。紀文、奈良茂の遊里での豪遊はあまりにも有名である。豪奢、剛毅、大尽、伊達が彼らの気風であった。

本書で登場する人物のなかでは、天野屋利兵衛と角屋七郎兵衛が、この「初期豪商」にあたる。しかし、時代は移る。鎖国政策により、角屋七郎兵衛のように、海外にビジネスチャンスを拡げることは不可能となる。黄金の書院に住み、天井をビードロ張りにして金魚を放ち、寝ながらにしてそれを眺めたという大坂の淀屋辰五郎が宝永二年（一七〇五）に幕府から闕所《けっしょ》、いわゆる財産没収処分となった事件に象徴されるように、士農工商の身分制が確立するとともに、次第に商人層への攻撃、蔑視が行われるようになる。

「商人の心は職人、百姓とは違ひ、本骨折らずして、坐して利を得る者なり」（荻生徂徠）、「町人と申候は只諸士の禄を吸取候計りにて、外に益なき者に御座候、実に無用の穀つぶして有之候」（林子平）などという賤商観が時代のオーソドキシーとなったのである。

そして経済がより発達した元禄期以降になると、初期豪商の活躍の余地は狭まり、もっと堅実、質素な商人が登場するようになる。井原西鶴はこの状況を「昔の長者絶ゆれば、新長者の見えわたり、繁盛は次第まさりなり」（『日本永代蔵』）と描いた。

三井越後屋八郎兵衛高利は「現銀掛値なし」の店前《たなさき》商法、つまり大名・武士・上層町人を相手とする従来の呉服屋の屋敷売り・掛売りに代わって、店頭で大衆相手に正札・現金販売する商法を編み出し、鴻池善右衛門は酒造りから両替業に進出して、年貢米を担保とする低利の大名貸しを行い、住友吉左衛門は鉱山経営や銅精錬に新機軸を持ち込んだ。

いずれも一発勝負の商いではなく、日々の地道な商いの継続で確実な利益を上げるビジネスであった。西鶴が「長者丸」の妙薬は「朝起五両、家職二十両、夜詰八両、始末十両、達者七両」(『日本永代蔵』)と述べたように、勤倹力行、始末・才覚・算用が最も重要な徳目となった。「家訓」が制定され、複式簿記による家産管理技法が考案されて、当主の個人プレーは制約され、番頭政治が原則となった。放蕩を尽くした四代目奈良茂すら遺言状に「店で少しづつ商売するのが家業永続の基本」と書かざるをえなかったのは、時代の移り変わりを物語っている。

本書で描かれている商人のなかでは、柊屋新次郎や三井越後屋八郎兵衛高利が、この種の元禄期以降新興商人にあたる。

江戸時代も十八世紀の半ばぐらいまでは、大坂・京都を中心とする上方が経済の中心だったが、それ以降になると、江戸やその周辺の経済力が上昇するようになった。また東北地方や日本海側の経済も先進地との交易が開けるにつれて発展することとなった。三井は上方の呉服を江戸に送って、そこでの大衆市場をターゲットにしたし、近江日野の中井源左衛門は上方の薬種や呉服産物を関東、東北地方に持ち下り、そこで仕入れた生糸、紅花などを上方に持ち帰って財をなしたのであった。

　また十八世紀後半から十九世紀ともなると、文化の面でも、従来の上方文化と趣を異にする江戸文化が興ってくる。それと関係をもつニュービジネスも興ってくる。山東京伝、平賀源内、滝沢馬琴、大田南畝、喜多川歌麿、葛飾北斎、蔦屋重三郎などが活躍する。

　さらに江戸時代には、日本海側経済が非常に重要な地位を占めていた。松前（北海道）、東北、北陸、山陰を通って、赤間関（下関）を経由して、瀬戸内から兵庫・大坂に至る西廻り航路は江戸時代の重要物資の主要幹線の一つであった。その海運を担っていたのは江戸中期までは上方船だったが、十九世紀ともなると、日本海側の船主・船頭による北前船が台頭する。銭屋五兵衛はまさしく、上方船依存からの脱却の旗手であった。

　そして、江戸時代が終わり、明治になると混沌とした社会経済情勢のなかで、江戸期商人と異なるタイプのビジネスマンが登場してくる。動乱期を利して、のし上がった徒手空拳の安田善次郎のようなビジネスマンもいたが、「富国強兵」と「殖産興業」という二つの国家目標を実現する担い手たらんとした「実業家」が活躍することとなった。彼らの多くは、旧武士階級の出身であり、「経営ナショナリズム」「国益志向」がその理念であった。五代友厚はその典型であり、薩摩藩上級武士で、明治新政府の高官として登用されたが、下野して民間経済界に入り、明治維新期に沈滞していた大阪経済の再生に力を尽くしたのである。

このようにみると、本作品での八人の商人の選択は、きわめて巧みなものだと感心せざるをえない。江戸前期、中期、後期、そして明治初期と三世紀弱の間のそれぞれの時代を象徴する人物が選ばれ、それが時代の流れに沿って配列されているからである。読者にはそれぞれの物語を味読するとともに、江戸から明治にかけての日本商人史の流れや、ビジネスモデルの変遷史も読み取って欲しいものである。

二十世紀末に不況が長期化するとともに、過去の企業家たちのサクセス・ストーリーを描いた書物がおびただしく出版されるようになった。ひとはここから成功の秘訣、テクニックを学ぼうとするのであろうが、過去の金儲けの手法を学んでもさして役に立たないであろう。そんなハウ・ツーものよりも、歴史のなかに、生き方や理念に同感を覚える人物に出会えたときに、ひとは歴史を学ぶことの意義を感じるのではないだろうか。「人間としての商人」を描いた本書から、どの程度同感を得るか、読者の「商魂」が試されているのだと思うのである。

本書は二〇〇三年十一月にＰＨＰ研究所より出版された『商魂』を改題したものです。

初出誌：季刊「松下幸之助研究」二〇〇一年春季号〜二〇〇三年新春号

|著者| 佐江衆一　1934年東京生まれ。文化学院卒。コピーライターを経て、1960年「背」（新潮社同人雑誌賞）で作家デビューする。『北の海明け』で新田次郎文学賞、『黄落』でドゥ・マゴ文学賞、『江戸職人綺譚』で中山義秀文学賞を受賞。著書に『長きこの夜』、『剣と禅のこころ』（以上、新潮社）、『士魂商才――五代友厚』（新人物往来社）などがある。

江戸《えど》の商魂《しょうこん》
佐江衆一《さえしゅういち》

講談社文庫
定価はカバーに
表示してあります

2008年1月16日第1刷発行

発行者――野間佐和子
発行所――株式会社　講談社
東京都文京区音羽2-12-21　〒112-8001
電話　出版部（03）5395-3510
　　　販売部（03）5395-5817
　　　業務部（03）5395-3615

デザイン―菊地信義
製版―――慶昌堂印刷株式会社
印刷―――慶昌堂印刷株式会社
製本―――株式会社大進堂

Printed in Japan

ISBN978-4-06-275940-3

講談社文庫刊行の辞

二十一世紀の到来を目睫に望みながら、われわれはいま、人類史上かつて例を見ない巨大な転換期をむかえようとしている。

世界も、日本も、激動の予兆に対する期待とおののきを内に蔵して、未知の時代に歩み入ろうとしている。このときにあたり、創業の人野間清治の「ナショナル・エデュケイター」への志を現代に甦らせようと意図して、われわれはここに古今の文芸作品はいうまでもなく、ひろく人文・社会・自然の諸科学から東西の名著を網羅する、新しい綜合文庫の発刊を決意した。

激動の転換期はまた断絶の時代である。われわれは戦後二十五年間の出版文化のありかたへの深い反省をこめて、この断絶の時代にあえて人間的な持続を求めようとする。いたずらに浮薄な商業主義のあだ花を追い求めることなく、長期にわたって良書に生命をあたえようとつとめるところにしか、今後の出版文化の真の繁栄はあり得ないと信じるからである。

同時にわれわれはこの綜合文庫の刊行を通じて、人文・社会・自然の諸科学が、結局人間の学にほかならないことを立証しようと願っている。かつて知識とは、「汝自身を知る」ことにつきていた。現代社会の瑣末な情報の氾濫のなかから、力強い知識の源泉を掘り起し、技術文明のただなかに、生きた人間の姿を復活させること。それこそわれわれの切なる希求である。

われわれは権威に盲従せず、俗流に媚びることなく、渾然一体となって日本の「草の根」をかたちづくる若く新しい世代の人々に、心をこめてこの新しい綜合文庫をおくり届けたい。それは知識の泉であるとともに感受性のふるさとであり、もっとも有機的に組織され、社会に開かれた万人のための大学をめざしている。大方の支援と協力を衷心より切望してやまない。

一九七一年七月

野間省一